목 차 (目次)

《순서에 관계없이 읽고 싶은 것부터 읽어도 좋습니다》

- 一. 죽었다 살아난 사람들의 이야기 5
- 二. 인생의 비밀(인간이 출생된 이유!) 21
- 三. 성경은 도대체 어떠한 책일까요?? 26
- 四. 한국 최대 재벌 회장님의 임종 직전 질문? ★★= 바로 여러분들의 의문?! 29
- 五. 영계(靈界) / 영의 세계
  1. 마귀가 정말 있습니까? 조상의 영과는? 38
  2. 조상을 위한 제사(祭祀)문제? 43
- 六. 공자나 석가는 종교를 만들지 않았다 47
- 七. 성철 스님(종정)의 독백(법어와 열반송) 50
- 八. 종교(宗敎)를 바꾸라는 것이 아닙니다 56
- ★이순신 장군이 구원을 받을 수 있을까요?! 96
- 《복음을 듣지 못한 세대와 오지인들의 양심심판 유추?!》 97
- 九. 복(福)? 하나님은 생명과 복의 근원 61
- 十. 법정(法頂)스님의 '나는 누구인가?' 65
- 十一. 인생들이 꼭 구해야 할 두 가지 해답***(生 과 死)
  1. 왜 우리는 태어났을까요? / 生 ?? 71
  2. 죽음이란? 그*해답/死?(★죽은우 가 있는 곳/P.121) 83
  ★원죄의 유전과 가계저주, 대표 원리와 일체의 원리? 81

- 1 -

십이. 성경대로 바르게 믿는 교회(教會) 선택? 99

십삼. 성경에 예언된 말세(末世)의 징조들! 103

★★한(韓)민족이 선민인 성경적 근거와 한글의 신묘?! 104

★★별첨: 하나님의 선하심과 영적내용들!

★기도하고 구하는 것은 받은 줄로 믿는 신앙! 107
  《 ★ '우리는 이겼습니다'란 영적의미!! 》 108
★신·구약 성경을 관통하는 '오직 예수·구속사!' 108
★인간 구원과 천국건설을 위한 **천상설계도??** 111
★이상적 신앙(십자가를 지고 따르며+예수 닮는 삶) 112
★★믿음을 왜 의(義)롭다하며 구원해 줄까?! 115
★★믿음의 결론과 결국(★성경은 우주만물 설계도!) 116
㉑ 사랑의 하나님이 지옥(地獄)은 왜 두었을까? 89
㉒ 마귀와 악인들을 왜 놓아두고 있을까? 90
예수님 이름 권세와 그리스도인의 영적 권세!! 117

★★예수님의 재림과 성서의 결론(結論)!! 121
《 ★믿음의 결론은 생명구원 /성서의 결론은 천국건설! 》
★생명의 근본인 사람들의 유전자 설계도 성경 속에 내재? 123
★**동성애**(同性愛)가 왜 죄악이 됩니까?? 126
★에덴에 왜 **선악과**(善惡果)를 두어 범죄케?! 127

☞ 본서의 특징과 목적

❶ 두껍고 어려운 성경의 핵심과 요점들을 *집약하여 천국구원의 길을 알기 쉽게 증거 해 줌으로 많은 분들이 쉽게 영생구원을 얻도록 하며!!

❷ 세속화의 물결 속에 신자들의 신앙을 '오직 예수' 신앙으로 무장시키고, 가족과 이웃 친지들과 지식인들과 군인 대학생들 전도에 적극 활용 바라며,

❸ 또한 불교 유교 신자들을 깨우므로 한국의 ★기독교 인구를 배가(倍加)시킬 수 있다는 확신입니다.

❹ 특별히 하나님이 있다면 왜? 왜? 하며 까다롭게 질문하는 *가족과 *이웃 친지들과 *군인 *청장년들 전도에 적합한 ★편지 형식의 전도 책자로 널리활용바랍니다.

❺그런데 본서의 1,2장은 전도 내용에, 나머지 90%는 의문과 질문들에 대한 답변내용으로 구성 되었기에
✔성경 전체 의미와 신앙의 핵심 내용들을 깨달을 수 있을 것임

★한국 문명개화와 광복의 기적들을 가져온 기독교

　문맹(文盲)과 당파싸움, 양반 상놈으로 인권도 없고 전망이 보이지 않던 135여년 전, 최빈국 조선에 천국 복음을 전하며 연세대학을 설립한 미국의 ①★언더우드(Under wood) 청년 선교사가 하나님께 ★'은총의 땅이 되게 하여달라'는 애절한 그의 첫 기도는 우리들의 심금을 울립니다.　그런데 그분의 기도대로 세계 십대 수출입 복지부국으로 발전한 **은총의 땅**

<u>이 되었음</u>을 우리가 지금 보고 있습니다.

  그 당시 호랑이가 나오는 신촌에 연희 전문 학원을 세웠는데; '**미친놈 그 외지에 누가 가서 공부 하겠느냐 천년이 지나 봐라 몇 명이나 모이겠느냐**'비웃었지만 100년이 못되어 그 유명한 세브란스의대를 비롯, 선교사들이 세운 대학들과 많은 중고등 학교들이 <u>한국교육과 장학 사업들과 많은 병원들을 지금까지 선도해</u> 오고 있으며, 3.1. 독립운동 당시에는 일본 군들의 만행을 온 세계에 알리고 한국독립에도 크게 기여해 왔답니다. 그래서 현대 문명의 대한민국은 초기 이 선교사들의 헌신적인 노력과 기도의 결과이지요.

  또 한국에서 태어나 한국어에도 능통한 미국 선교사 2세들이,

  ②. 1945년 해방직후 군정관 **하지중장** 보좌관으로서 그 당시 유력인사 50인을 추천함으로 대한민국 건국에 크게 기여한 ★**우광복(윌리암** 光復**) 선교사**를 비롯해서,,

  ③. 6.25 동란이 발발하자 자원입대해서 **맥아더 사령관**을 도와 인천상륙작전을 성공시키고 산화한 ★<u>윌리엄 해밀턴 쇼 미 해군대위</u>의 희생과(**현재 은평 평화공원에 윌리엄 쇼 대위를 기리는 조형물과 목원대에 흉상이 있음**),

  ④. 또 <u>평양에서 선교사의 딸로 태어난 빌리 그레이험 목사님의 사모</u>는 한국 동란이 발발한 직후 28세의 빌리 그레이험 목사님을 재촉해서 트루만 대통령께 기독인들이 많은 한국에, 미군 파견을 강력히 독촉해서 일본 주둔 미군들을 급파함으로 한국을 구출 할 수 있었답니다.(**트루만 대통령회고록에 수록됨**).

  ⑤. 그리고 또 한국 동난 직후 세계에서 가장 가난했던 국민소득 57$에서 70년 만에 세계 5, 6위(3만 딸러 이상) 부국이 된 것은 기독교 정신으로 미국의 원조와 전후 복구로, 기독교 부흥과 세계 선교를 위한 하나님의 축복이며, 역사와 세계를 주관하시고 경영하시는 하나님의 은혜이셨음을 꼭 기억하고 우리 모두는 감사해야 하겠습니다. 아멘! 아멘!

一. 죽었다 살아난 사람들의 이야기
☞ (천국과 지옥의 실상) ☜

죽음은 생명의 끝인가, 아니면 또 하나의 새로운 생명의 시작인가? 누군가 그것을 아는 사람은 없는가?

얼마 전 미국의 저명한 한 내과의사「모리스 롤링즈」(Maurice Rawlings) 박사가 죽었다가 살아난 많은 환자들을 병상에서 인터뷰/면담한 것을 종합한『죽음의 문 넘어 (Beyond Death's Door)』라는 책의 내용이 ★★월간 신동아(新東亞)에 소개되었었는데 좋은 경험을 한 사람과 나쁜 경험을 한 사람의 수효가 엇비슷했다는 것입니다.

그래서 저승의 기묘한 체험들 중 일부를 이곳에 소개하면서 중요 부분은 하나님께서 주신 ♣성경말씀과 대조해 봄으로써 영혼과 내세의 실상을 확인하여 보았습니다. 얼마 있지 않아서 누구나 맞이할 이 미지(未知)의 길, 곧 내세를 이해하고 준비하며, 구원 받는데 많은 도움들이 되시기를 바랍니다.

삽화 : 신동아(新東亞)에서 인용

1. 전형적인 육체 이탈의 경우:

 죽어 가는 사람들은 대개 그 직전에 기절한다. 혹은 통증이 없어지는 듯 하며 의식이 흐려져 간다. 방안에 있는 가족과 간호원들이 분주히 움직이며 의사를 찾는 소리도 들린다. 그리고 의사의 사망선고 소리가 들린다. 그런데 자기는 이미 육체 밖에 나와 그들의 대화 내용도 다 듣고 있었다는 것이다.

 그래서 자기가 죽었다고는 믿어지지 않으며 쾌적한 기분이다. **그 육체는 속 빈 껍데기**이며 마치 자기와는 아무 상관이 없는 다른 사람 시신 같았다는 것이다. 자기가 전혀 새로운 몸을 갖고 있다는 것을 깨닫는다. 그는 허상이 아니다. 예전처럼 보고 느끼고 생각할 수가 있다.   (新東亞).

> **성경에서는**, 영혼이 나온 육체가 <u>속 빈 껍데기 같았다는 것</u>을 **장막집**이라고 했고(고후5:1), 육체 밖에 나와서는 하나님을 보리라고 했습니다.(욥19:26). 그리고 육체 밖에 나온 영혼생명의 <u>그 묘한 상태</u>를, 복음을 전하다가 돌에 맞아 얼마동안 죽어서 영의 세계를 체험한 바 있는 사도 바울은, "내가 몸 안에 있었는지 몸밖에 있었는지 나는 모르거니와 하나님은 아시느니라"고 고백하고 있습니다. (고후12:2).

 육체에서의 분리는 어느 터널을 지나는 것 같거나, 부푼 풍선이 터지는 것 같이 자기도 모르는 사이에 밖에 튀어 나와 있다는 것이다. 그 후 그는 어느 광명의 존재자, 또는 엄위한 존재자 앞에 서는 체험을 한다. 그리고 그의 일생이 마치 심판에 대비하는 듯 순식간에 모조리 압축 재현된다. 나쁜 경험을 고백하는 사람들은 『불의 바다』를 끼고 신음하는 사람들을 만났다고 한다. 그 공포는 말로 형용할 수 없으며 생각하기도 싫다는 것이다.

 영혼은 육체 밖으로 나가서도 존재하고 있고 육체의 감각보다도 더 예민하다는 것 등 현대의 사후 생(死後 生) 경험은 오래 전부터 전해온 『티베트의 사자(死者)의 책』의 기록과 매우 흡사하다. 『영혼은 심판을 받고 그 사람에 합당한 운명을 따라야만

하는데, 그가 생전에 행한 일들과 언동까지 하나도 남김없이 심판자 앞에서 다 밝혀진다. 이 세상에서 숨기고 감추었던 모든 일들이 사후에 들통 안 나는 것은 하나도 없는 것 같다는 것이다』 (新東亞).

> 성경(히9:27)에, "한번 죽는 것은 사람에게 정하신 것이요 그 후에는 심판이 있으리니"라고 했고, 또 "사람이 무슨 무익한 말을 하든지 심판 날에 이에 대하여 심문을 받으리니 네 말로 의롭다 함을 받고 네 말로 정죄함을 받으리라"고 했습니다. (마12:36-37). 아멘!

즐거웠던 경험을 호소하는 경우도 많이 있는데 그들은 얼마 전까지 그렇게도 고통스러웠던 통증도, 죽음에 대한 공포도 사라지고 쾌적한 기분으로 다시는 앓는 것이나 죽는 일도 없을 것 같았다는 것이다. (新東亞).

> 이것을 성경은, "그들은 하나님의 백성이 되고 하나님은 친히 그들과 함께 계셔서 모든 눈물을 그 눈에서 닦아 주시니 다시는 사망이 없고 애통하는 것이나 아픈 것이 다시 있지 아니 하리니…"라고 기록해 주고 있습니다. (계21:3-4).

☏ 성경이 얼마나 훌륭하고 위대한 책이기에!!

❶ **링컨 대통령의 모친**은 『자식에게 100정보의 땅을 물려주는 것보다 한 권의 성경 책을 물려주라』고 권고 했고, 또

❷ **독일의 대 문호✔괴테**는, 『만약 감옥에 갇히어 단 한 권만의 책을 가지고 들어가는 것이 허락 된다면 나는 성서를 택하겠다』고 고백했습니다. **총명 있는 자들은 깨달을진저!**

❸ **성경 기록 목적**; 성경에, "오직 이것을 기록함은 너희로 예수께서 하나님의 아들 그리스도(**구세주**)이심을 믿어…생명을 얻게 하고 /또 믿는 너희에게 영생천국(永生天國)이 있음을 알게 하려 함이라"고 기록해 주고 있습니다. (요20:31, 요일5:13, 행28:31).

2. 황홀한 ♣♣천국(天國)을 경험한 경우:

…별안간 가슴의 통증에서 해방되었다. 그리고 평화로운 기분이다. 자기 육체에서 이탈 후 두둥실 떠돌며 잠시 방안에서 머물다가 그 다음은 새로운 차원으로 옮겨간다는 것은 어느 보고에도 공통되는 것 같다. 어떤 환자는 알 수 없는 흑암의 존재들에게 끌려가는 무서운 경험을 호소하지만, 어떤 사람은 빛의 천사 또는 사랑이 넘치는 존재에게 이끌려 황금 빌딩과 수정같이 맑은 도로, 아름다운 동산과 같은 곳을 방문하는 경험을 말한다. 그리고 거룩한 빛의 존재자 앞에 섰다는 것이다. 신앙이 두터운 그리스도인들은 그 빛이 예수 그리스도라고 믿고, 천상의 빛에 휩싸인 거룩한 분은 하나님이심을 믿어 의심치 않는다.

> 성경(요1:9)에, 예수님은 죄악으로 어두워진 이 세상을 비춰는 참 빛으로 오셨다고 하셨고, 또 "나는 세상의 빛이니 나를 따르는 자는 어두움에 다니지 아니하고 생명의 빛을 얻으리라"고 하셨으며(요8:12), "광선이 그 손에서 나오며, 주께서 옷을 입음 같이 빛을 입고 계신다"고도 하셨습니다. (합3:4, 시104:2).

「드와이트 무디」는 예수교 사상 최대의 복음 선교사의 한 사람이었다. '무디'의 아들 '윌'은 1899년 12월 22일 금요일 아침 아버지의 방에서 '무디'가 중얼거리는 소리를 들었다. 『대지가 물러간다 내 눈 앞에 하늘이 열려 있다』라고!

그때 '무디'는 말하기를 『이것은 꿈이 아니다. '윌' 정말 아름답다. 정말 황홀하구나! 만일 이것이 죽음이라면 무엇이 두려울 것이 있겠느냐! 하나님이 나를 부르고 있다. 나는 가야만 한다』그리고 나서 '무디'는 고통을 호소하지도 않고 행복하다고 하면서 의식이 끊어졌다. (新東亞).

주치의가 구명 노력을 하자 다시 살아나 『나는 천국의 문 앞에 갔는데 그 곳은 말할 수 없을 만큼 멋지고 아름다운 곳이며 먼저 간 친지들도 만났다』고 했다. '무디'는 이렇게 말한 후 영원한 내세로 갈 신호를 받고,『무엇으로도 나를 더 이상 잡아둘 수 없다. 마차가 방안에 와 있다』말하며 밝은 천국으로의 기대에 안겨서 숨져갔다. (新東亞).

> <u>성경</u>에, "낙원으로 이끌려가서 말로 표현할 수 없는 황홀한 모습과 말을 들었으니 사람이 가히 이르지 못할 말이로다" 복음을 전하다가 돌에 맞아 죽었다 살아난 <u>사도 바울의 고백</u>과 같습니다.(고후12:4). <u>또 성경 (눅16:22)</u>은 "믿는 자들은 천사들에게 받들려 병거타고 천국에 올라간다"고도 했습니다.

그러므로 육신의 죽음은 생명이 없어지고 마는 것이 아니요 영혼과 육신이 분리되어, 하나의 삶에서 또 하나의 삶으로 옮아가는 것이라고 한다. 마치 애벌레/번데기가 껍데기를 벗고 꽃밭에서 춤추는 나비의 또 다른 세계와도 같이?!

> ✔<u>곧 영혼생명이 육신의 겉옷을 벗고 천국 아니면 지옥에 가서 영생(永生)하는 것이라고 성경은 말하고 있습니다.(고후5:2, 마25:46)</u>. 그리고 예수님은 우리의 낮은 차원의 육신을 자기와 같은 영광의 몸으로 변케 하실 수도 있기에, 육신을 벗은 영혼생명은 다시 썩어지지 않을 영화로운 **신령한 몸**으로 바뀐다고 했습니다.(빌3:21, 계21:4). 그러기에 처음에는 자기가 육신을 벗었다고 느낄 수 없는 것 같습니다.
>
> 그러나 질고와 병에 구속(拘束)된 육신의 벗음과 새로운 영화로운 몸을 얻는 생의 전환이 죽음일진대 두려울 것이 어디 있겠습니까! 그러기에 이것을 아는 기독신자들은 눈물대신에 <u>"날 빛 보다 더 밝은 천국, 믿는 맘 가지고 가겠네, 믿는 자 위하여 있을 곳, 우리 주 예비해 두셨네, 며칠 후 며칠 후 요단강 건너가 만나리…(통일-**찬송291장**)"</u>라고 ✔찬송을 부르면서 죽음을 맞고 또 죽는 친지들을 보내고 있습니다.

미세스 D.는 회복 후 그녀가 죽어있는 동안에 본 일을 기술했다. 찬란한 밝은 빛에 휩싸인 예수 그리스도, 그녀는 하늘나라에 머물러 있고 싶었는데, 예수님께서 다른 사람들에게 천국이 있음을 알리도록 보냈노라고 말했다. (新東亞).

> 천국은 이 세상에서 사는 것보다 얼마나 좋은지, 천국을 체험한 바 있는 사도 바울은 "내가 이 세상을 떠나 그리스도와 함께 있을 그것이 더 좋겠다"고 고백하였습니다. (빌1:23-24).

천사는 번쩍이는 건물과 나무가 있는 길 위에 나를 내려놓았다. 도처에 아름다운 빛이 가득했다. 그 빛은 눈을 가려야 할 만큼 강한 것은 아니었다. 황홀함 그 자체였다. (新東亞).

성경에, "내가 새 하늘과 새 땅을 보니…그 준비한 것이 신부가 남편을 위하여 단장한 것 같더라… 보라 하나님의 장막이 사람들과 함께 있으매…그들은 하나님의 백성이 되고 하나님은 친히 그들과 함께 계셔서 모든 눈물을 그 눈에서 닦아 주시니 다시는 사망이 없고 애통하는 것이나 곡하는 것이나 아픈 것이 다시 있지 아니하리니…, 보좌(寶座)에 앉으신 이가 이르시되 보라 내가 만물을 새롭게 하노라 하시고 …<u>내가 생명수(生命水) 샘물로 목마른 자에게 값없이 주리니 이기는 자는 이것들을 상속으로 받으리라 나는 그의 하나님이 되고 그는 내 아들이 되리라</u>"(계21:1-7). 아멘! 얼마나 소망이 넘치는 내세, 하나님과 함께 하는 황홀한 천국(天國)입니까!!

<u>또 성경은</u>, 천국의 아름다움을, "하늘에서 내려오는 거룩한 성(城) 새 예루살렘을 보이니 하나님의 영광이 있어 그 성의 빛이 지극히 귀한 보석 같고 백옥과 수정같이 맑더라…또 수정같이 맑은 생명수(生命水)의 강이 하나님과 예수님의 보좌로부터 나와서 길 가운데로 흐르고 강 좌우에 생명(生命)나무가 있어 열두 가지 열매를 맺되 달마다 그 열매를 맺고 그 나무 잎사귀들은 만국을 치료하기 위하여 있더라" 아멘! (계21:10-22:2).

이 얼마나 평화롭고 황홀한 정경인가! 하나님의 무한하신 신성과 영광으로부터 계속해서 충만해오는 천국의 기쁨과 평안은 어떤 외적인 충족으로부터 얻어지는 세상적인 그것과는 달리, 우리의 가슴속으로부터 끊임없이 솟아나는 생수(生水)와 같은 기쁨과 평안이 될 것이다. 그러기에 항상 그 기쁨이 다함이 없고 또한 가지각색의 영롱한 금은보석으로 단장된 천국에서 하나님의 영

광을 찬미하는 수천수만의 천군 천사들의 노래 소리는 사람들의 마음을 온통 황홀함 가운데 젖어 살게 될 것임을 우리로 하여금 상상할 수 있게 하여 주고 있다.   (계21:23-24).

 그래서 천국의 영화는 인간들의 말로는 가히 표현할 수 없다니 그 황홀함과 영화로움은 우리들의 상상을 초월할 것 같다.

"주의 궁정(천국)에서 한 날이 다른 곳에서 천 날보다 나은즉 …여호와 하나님은 해요 방패이시라 은혜와 영화를 주시며 정직히 행하는 자에게 좋은 것을 아끼지 아니하실 것이니이다. 만군의 여호와여 주께 의지하는 자는 복이 있나이다" (시84:10-12).

3. 무서운 지옥(地獄)을 경험한 경우/오레곤의 기적

 '토마스 웰치'는 『오레곤의 놀라운 기적』이란 그의 소책자 속에서 '불의 호수'를 보았다는 것이다. 그는 미국 오레곤 주(州)의 목재회사에서 일하고 있었는데 55피트나 높은 곳에 있는 땜 위 교각을 통해 제재소로 건너가다가 발을 헛디뎌 삐죽 삐죽 나온 나무 끝에 부딪치면서 수심 10피트의 연못 속에 떨어졌다. 많은 사람이 내 시체 수색에 동원되어 1시간 만에 건져 올렸다. ★그 동안 나는 이생에선 이미 죽은 몸이었으나 다른 세계에서 살고 있었다. 내가 생각나는 것은 교각 난간에서 떨어진 것과 내가 '불의 호수'의 기슭에 서 있었다는 것이다. 성경에 나온다는 "불과 유황으로 타는 연못" 바로 그곳이었다.   (新東亞).

 성경에, "믿지 아니하는 자들과 흉악한 자들과 살인자들과 음행하는 자들과 점술가들과 우상숭배 자들과 거짓말하는 거짓 전도자들은 불과 유황으로 타는 못(호수)에 던져지리니 이것이 둘째 사망이니라 /누구든지 생명책에 기록되지 못한 자는 **불못(지옥)에 던져지더라**" 기록되어 있습니다. (계21:8 /계20:15).

 지옥(地獄) 은 타락한 영혼들의 끝없는 싸움과 욕구불만으로 부글대며 불 가운데서 고통과 갈증이 얼마나 심한지 ✔손가락 끝에 물을 찍어 내 혀를 좀 서늘하게 하여 달라고 애걸한다. (눅16:24). **얼마나 갈급하고 고통스런 지옥(地獄)인가?!**

지옥(地獄)은 또 구더기도 죽지 않고 불도 꺼지지 않으며 사람마다 불로써 소금 치듯 고통 받는 곳으로(막9:48-49), 죽고 싶어도 죽음이 저희를 피하여 죽을 수도 없는 영벌의 감옥, 끝도 없는 무저갱.(계9:6, 마25:46, 눅8:31). **지옥(地獄)**을 '게헨나/예루살렘 남쪽 힌놈의 골짜기, 폐품/쓰레기 소각장'과 같은 곳으로 하나님의 창조 목적에 빗나간 타락한 폐인들은, 불과 유황으로 타는 불 못에 던져지게 될 것이라는 것입니다. (계20:10).

✔불에도 타지 않는 영혼불멸의 생명이 무서운 지옥에 가서 영생하게 된다는데, 이런 지옥을 거저 농담으로 넘기고 말겠습니까?!

초대 교회의 성자 **폴리갑**이 장작불 덤이 위에서 화형 당할 때, 할아버지 앞 밑에서 괴로워하는 손자에게 '예야! 영벌의 지옥은 이보다 더 뜨겁단다'하며 의연하게 숨져갔다는 것입니다.
(본서 P. 89⇨ '사랑의 하나님이 지옥을 왜 두었을까요?!' 참조)

4. 구세주 예수 그리스도를 만나다.

『웰치/Welch』가 불의 호수 옆에서 절망하고 있는데, 예수님이 심판의 사슬에 매인 영혼들이 신음하고 있는 이 지옥 속, 나의 곁으로 다가오고 있는 것이 보였다.　　　　　　(新東亞).

성경에, "그리스도께서도 단번에 죄를 위하여 죽으사 의인으로서 불의한 자를 대신(속죄)하셨으니 이는 우리를 하나님 앞으로 인도하려 하심이라…그가 또한 영(靈)으로 가서 **옥**(獄, **지옥/음부**)에 있는 영들에게 선포하시니라"(벧전3:18-19). 아멘!

『나(웰치)는 그 분이 내 쪽을 돌아다 봐 주기만 하면 이 무서운 곳에서 벗어날 수 있을 것만 같았다』그분은 내 곁을 지나갔다.　 그러나 내 쪽으로 눈을 돌리지 않았다. 그래서 내가 절망하고 있는데 내 시야에서 떠나기 직전에 머리를 돌려 나를 보아주신 것이다.　 그것만으로 충분했다.　　　　　　(新東亞).

그 후 몇 초 동안에 나(웰치)는 나의 육체 속으로 돌아오고 있었다. 마치 먼 곳에 갔다가 집안에 들어오는 것 같이! 눈뜨기 직전에 나는 내가 기식(寄食)하고 있는「**브로케**」집의 사람들이 기도하고 있는 소리를 들었다. '하나님이여 웰치를 데려가지 말아 주세요. 그는 아직 구원받지 못하고 있습니다'라고!!

> **브로케** 집 사람들이 평소에 전도했는데도 그는 예수님을 믿지 않고 미루다가 사고를 당했던 것 같습니다. 그러기에 『하나님이여 이 사람은 아직 구원받지 못하고 있습니다. 구원받기 전에 데려가지 말아 주세요』라고 애절하게 기도했던 것 아닙니까?! 영생(永生)할 영혼생명이 있음을 아는 기독교인들이기에 구원받지 못하고 졸지에 떠나가는 친지들을 보고 안타까워 부르짖는 기도이지요.   그럴 때 지옥불 앞에까지 가서 벌벌 떨고 있는 영혼에게도 예수님께서는 구원의 기회를 허락하시고 있음을 봅니다. ★우리도 믿지 않고 무서운 지옥에 떨어져 가는 친지와 이웃을 위해 끝까지 전도하며 중보기도를 아끼지 맙시다. 간절한 전도와 기도는 절대 헛되지 않습니다.

나(웰치)는 불의 호수가 있음을 보았다. 그리고 나를 위해 전도하고 기도해 주는 사람들이 있었던 것을 나는 감사하며, 기도의 위력이 그렇게 큰 가도 나는 생각하게 되었다. 그 후 곧 구급차가 도착하여 포트랜드의 사마리탄 병원으로 나를 실어갔다. 그 곳에서 하나님께서는 '나는 네가 본 것 그리고 네가 어떻게 해서 되살아났는지 세상 사람들에게 알리기 바란다'고 말씀하셨다.   (新東亞).

> 하나님께서는 악한 세상에 재앙들을 허락하시거나(출7~12장), 또한 물을 포도주로 변하게 하는 등 여러 가지 기적들을 보여주심으로 하나님의 살아계심과 예수님이 구세주이심을 믿고 구원 받게 하신다고 성경은 기록해주고 있습니다. (요2:11, 암3:6).
>
> 또 **성경**(롬1:20)은, "하나님께서 이를 그들에게 보이셨으니 창세로부터 그의 보이지 아니하는 것들 곧 그의 영원하신 **능력**(能力)과 **신성**(神性)이 그가 만드신 만물에 분명히 보여 알려졌나니 그러므로 그들이 핑계하지 못 할지니라"고 하셨습니다. 곧
>
> 하나님이 계심을 성경(**특별계시**)뿐 아니라, 우주의 큰 능력과 자연의 신비들(**자연계시** /**일반계시**)를 통해서도 나타내 보여 주시고 있기에, 하나님 앞에 와서 '**천국과 하나님이 계심을 알지 못하였노라**'고 핑계하지 못할 것이라는 경고이십니다.

그런 하나님께서 "나는 천지에 충만하지 아니하냐"하시면서, "눈이 있어도 보지 못하며 귀가 있어도 듣지 못하는 백성을 이끌어 내라"고 하십니다. (렘23:24, 사43:8). 아멘!

주 목 수 억 만년을 태워 비춰도 조금도 줄지도 않고 사람과 온 생물들을 살리는 엄청난 햇볕의 양과 그 강도! 각기 다르게 만든 사람들의 유전자! 이 큰 지구가 총알의 수십 배의 속력으로 한 치의 오차도 없이 누가 지금 돌리고 있습니까? 내가 우주만물을 창조하고 우주를 운행하신다는 하나님이 계심과 능력을 보여주시고 있답니다. 그리고 조금만한 씨앗 한 알이 큰 소나무로 자라는 <u>이 생명의 신비(神秘)</u>를 누가 알아낼 수 있습니까?! ★★ 세상의 과학자들을 다 모아도 이 작은 씨앗 한 알의 생명의 신비도 캘 수 없는 머리들을 가지고도 사람들은 다 알고 있는 것 같이 자만(自慢)하며 살아가고 있답니다.

이런 인생들을 향하여 하나님께서는 "어리석은 자는 그 마음에 이르기를 하나님이 없다 하도다 /사람이 존귀하나 깨닫지 못하는 사람은 멸망하는 짐승 같도다"라고 말씀하시고 있습니다.(시14:1, 시49:20). **총명 있는 자들은 깨달을진저!**

참 고 지구 자전회전속도 1,600Km/h에, 공전속도 11만 Km/h, 은하계 공전속도 200Km/h에, 우주 확장속도 1.8광년의 복합 벡타 속도는 <u>총알의 수십 배가 된다</u>는 것입니다.

♣♣**"각기 종류대로 창조함"**이라는 용어가 성경 창세기1장에 10번 나오는데 이 말씀 하나로 다윈의 진화론을 뒤엎지요! 진화론자 다윈은, 말년에 자기 친구 <u>그레이 박사</u>에게 보낸 편지에서 **'자연계를 볼 때 이것이 맹목적 세력의 결과라고 믿어지지 아니하며 이 훌륭한 우주 특히 인간들을 볼 때 그것이 맹목적 세력의 결과라고 나는 생각할 수 없게 되었다'**라고 고백하였답니다.(롬1:20). 이것을 성경 히브리서는, ★★<u>"집마다 집지은 자가 있음을 알게 하여 주고 있는 것 같이, 만물을 볼 때 창조주 하나님을 깨닫게 하여 주고 있다"</u>고 말하고 있습니다. (히3:4).

5. 구원의 유일한 길 :

성경은, 모든 사람이 **죄(罪)**를 범하였으매 하나님 앞에 갈 수 없었던 것을, 하나님의 아들 예수님이 우리의 죄를 대신하여 죽으심으로 죄의 값을 대신 치러주신 것이라고 말씀해 주시고 있습니다. 그래서 이 예수님을 나의 구주(救主)로 믿고 영접하는 자들은 속죄(贖罪)함을 받고, 하나님 자녀로 천국의 생명록에 호적되어 천국을 상속받을 수 있게 된다는 복음입니다.

✔✔ 이것이 하나님의 구원의 특사법이요 사람들이 만든 세속 종교들과 다른, 예수 그리스도교 곧 기독교의 구원진리입니다. 독생자 예수님을 통해, 특별사면을 허락하시고 계신 하나님의 이 '은혜의 때'를 경홀히 여기지 맙시다. (요3:16, 사53장, 요1:29).

성경에, "보라 지금은 은혜 받을 만한 때요 보라 지금은 구원의 날 이로다"(고후6:2), "죄의 삯은 사망(지옥)이요 하나님의 은사는 그리스도 예수 우리 주 안에 있는 영생 (천국)이니라"(롬6:23). 아멘!

◎ ★★통찰력을 가집시다.

✔ 실제 죽었다가 살아난 사람들을 면담한 과학자(미국인 의사)가 종합해서 증거 해 주고 있는 내용에, 하나님의 말씀과 대조해서 확인한 내용을 주고 있습니다. 사실 그대로 믿는 깨달음과 통찰력을 가집시다. 아멘!

그래서 이 내용은 한번 읽고 흘려버릴 이야기 거리가 아니요 얼마 있지 않아서 나와 내 가족이 당할 이야기이며 그러기에 생사가 걸린 문제임을 자각해야 하겠습니다. 많은 사람들이 죽음은 자신에게는 해당되지 않는 것 같이 착각 중에 살아가고 있으나 죽음은 얼마 있지 않아 누구에게나 임하는 것이며 ★죽음은 내가 없어지고 마는 것이 아니라 영생(永生)하는 영혼생명이 있기에 더욱 중요한 과제랍니다. 육신의 겉옷을 벗는 날, 진짜 생명인 영혼은 심판을 거쳐서 (천국 아니면 지옥에 간다)는 것을 잊지 맙시다."한번 죽는 것은 사람에게 정하신 것이요 그 후에는 심판이 있다(히9:27), 죄의 삯은 사망/지옥이라(롬6;23)는 이 불변의 천국 법/성경을, 예수님께서는 대속하여 주신답니다.

♣♣♣ 주 목 영생(永生)할 영혼생명이 있고 내세는 영광 가운데 살아가는 천국(天國)과, 고통 가운데 영생하는 영벌의 지옥(地獄)이 있음을 잊지 맙시다(마25:46). 이 엄청난 사실 앞에서 모른다고 거저 막연히 사는 데까지 살아가겠습니까?! 생사가 걸린 문제이니 알아보는 결심을 가집시다. 그래서 천하보다도 귀한 자신과 친족들의 생명을 구하는 지혜를 잃지 않기 바랍니다. 이 글에서 통찰력을 얻고 모두가 구원받기를 기원합니다.

"사람이 만일 온 천하를 얻고도 제 목숨을 잃으면 무엇이 유익하리요 사람이 무엇을 주고 제 목숨과 바꾸겠느냐"(마16:26). 아멘!

천국 구원은=회개와+오직 예수 믿음만을 요구하는 은혜

❶ 예수님의 속죄공로를 의지하여 하나님 앞에 **죄를 회개한 후**,
❷ 예수님 안에서 내 모든 죄를 사하여 주셨다 하는 확고한 **믿음**과 예수님을 자신의 구주(救主)로 믿고 영접함이 꼭 필요합니다.
❸ 곧 **죄를 회개**하며, 오직 **예수님**만을 자기의 구주(救主)로 **믿고 영접**하며 고백하는 신앙일 때 구원이 절대 보장된답니다.(롬10:9-10).

이것을 성경에서는, "하나님께 대한 회개와 우리 주 예수 그리스도에 대한 믿음을 보여 주며 /주 예수를 믿으라 그리하면 너와 네 집이 구원을 받으리라"고 하셨습니다. 아멘! (행20:21 /행16:31).

그래서 ✔**죄를 회개**하며 우리는 하나님께서 중보자로 세워 주신 예수님을 구주로 **믿고** 영접해야 합니다. 예수님을 모른 채, 착하다는 것만으로 절대 구원을 받을 수 없습니다.(엡2:1,✔사59:2).

그런데 이 예수님 없이 하나님 앞에 직접 나아갈 수 있는 것 같이 말하는 사이비/이단사설들이 얼마나 많은지 모릅니다.

★★ **대속(代贖)과 복음의 핵심인 예수님**을 특별한 선지자나 예언자(사람) 정도로 흐리거나 뺌으로 구원받지 못하게 하려는 이단사설들 /사탄의 혼돈 전술에 속지 않기 바랍니다.

그래서 ♣ 하나님, 하나님만 내세우며 **예수님** 이름은 얼버무리는 교회들은 잘못된 교회들이며, 불투명한 교회들입니다.

이단들은 하나님과 성경적인 용어들을 앞세우되 삼위일체 신앙과 내세 구원에 대한 성서적 핵심내용들을 교묘하게 변질시키며, 하나님께서 구세주로 세워 주신 예수님을 감추거나 그 대속의 공로를 흐리게 하여 구원 받지 못하게 하고 있습니다.

※구원 신앙의 핵심으로 독생자 예수님을 앞세운 하나님

성경은, "사랑하는 자들아 영을 다 믿지 말고 오직 영들이 하나님께 속 하였나 분별하라 많은 거짓 선지자가 세상에 나왔음이라 이로써 너희가 하나님의 영을 알지니 곧 예수 그리스도께서 육체로(이 땅에 구세주로) 오신 것을 시인하는 영마다 하나님께 속한 것이요 예수를 시인하지 아니하는 영마다 하나님께 속한 것이 아니니 이것이 적그리스도의 영이니라" 아멘! (요일4:1-3).

그러므로 ★**초 점은** 성경을 다 잊는다 해도 하나님께서 우리의 죄를 대신하기 위해서 **중보자**로 세워주신 **구세주**, '**예수님**' 이름만은 절대 잊어서는 안 됩니다. 하나님께서는 **대속과 복음의 핵심으로 예수님**을 세우셨고, 예수님께서도 친히 "내가 곧 길이요 진리요 생명이니 나로 말미암지 않고는 아버지께로(천국에) 올 자가 없느니라"고 하셨습니다. (요14:6).

그래서♣ 신·구약 성경이 일관되게 인간 구원을 위한 중보자/구세주로 예수님을 말씀하시고 있기에 '**오직 예수**'라는 것입니다.
(본서 P.108, 신구약 성경을 관통하는 '오직 예수✔구속사' 참조)

※※그래서 성경은, "하나님의 비밀인 예수 그리스도(구세주) 안에는 생명 구원뿐 아니라, 모든 지혜와 지식과 보화가 다 있느니라 /이는 하늘에 있는 것이나 땅에 있는 것이 다 그리스도(예수) 안에서 통일되게 하려 하심이라" 아멘! (엡1:10 /골2:2-3).

"그런즉 이스라엘 온 집은 확실히 알지니 너희가 십자가에 못 박은 이 ✔예수를 하나님이 주(主)와 그리스도(구세주)가 되게 하셨느니라 그래서 /누구든지 주(主)의 ✔이름(예수님)을 부르는 자는 구원을 받으리라" (행2:36 /행2:21=롬10:13). 얼마나 분명합니까!!

그런데 ✔이단교회들은 특정인을 교주로, 특정 성경 구절을 달리 고집하거나, 하나님만 내세우고 그 중심에 예수님이 없거나 흐립니다. 그러나 ★★예수님은 인간이 하나님께 나아가는 유일무이한 길, 곧 중보자요 구세주이심을 꼭 기억해야 하겠습니다.

☎ '오직 예수' 신앙 예 화 (1) 사람이 죽어서 천국 문 앞에 갔는데 천국 문을 지키는 천사가 『당신은 무슨 자격으로 이곳에 왔느냐』고 묻기에 '예수님을 믿는 믿음, 예수 십자가 공로로 왔다'고 하니 기뻐하며 천국 문을 활짝 열어 주더라는 예화입니다. 그래서 초대교회 전도자 바울 사도를 비롯해, 20세기 대 부흥사 빌리 그레이엄 목사님도 처음부터 끝까지 '오직 예수 그리스도(구세주)를 믿고 구원 받으라' 선포하며, 구체적 내용으로는; "하나님의 아들 예수님께서 우리의 죄를 대신하여 죽으시고, 장사 지낸바 되었다가, 사흘 만에 다시 살아나사 우리의 구주가 되셨다"하는 복음입니다.(고전15:1-4, 롬10:9-10). 곧 ①예수 십자가 대속(代贖)과 ②부활(復活)의 주이신 예수님을 믿고 구원 받으라 전해주는 것이지요.

그래서 ★★ 우리가 믿고 꼭 전해야 할 복음(福音)은; ①예수 십자가 구속과 ②부활로 완성된 구원인데(✔행25:19), ❶하나님 나라(天國)와 ❷구주 예수님만을 전하기만 하면(✔행28:31), 복음은; 지혜의 말이 아닌 다만✔성령의 능력으로 전파된다는 것입니다(✔고전2:1-5). 그래서 '예수님 믿고 구원 받으십시오'라고 단순히 전하기만 하면 성령께서 믿도록 하여 주신다는 것입니다. 그 구체적 실례로 130여 년 전, <u>평양 태생의</u> ★<u>최권능</u> (본명은 최봉석) 목사님은 '<u>예수 믿고 천당, 불신은 마귀 따라 지옥갑니다</u>'만을 외치고 돌아 다녔는데 북한과 만주 일대에 86개 교회를 개척 했다는 일화는 너무도 유명합니다. 그래서 우리는 때를 얻든지 못 얻든지 '<u>구주 예수님을 믿고 천국 가십시오</u>'를 전해 주기만하면 됩니다. 아멘! 할렐루야!!

★★결론★★ 우리는 미국(美國)에 이민(移民) 가

서 살려면 미국 대사관에 가서 미국 법에 의해 이민 수속을 해야 하는 것 같이, **천국**(天國)에 가려면 천국 법(곧 성경/사59:1-2, 롬10:13 등)에 의해 천국의 지상 대사관격인 교회에 나가 천국 입국 비자와 이민 수속을 해야 하는데, 그것이 ✔'**예수님을 구주**(救主)**로 믿으므로 속죄**(贖罪)**함을 받아야 한다는 것**' 입니다. 하나님의 **공의**(公義)와 **정결**(貞潔)은 죄 있는 사람을 천국에 절대 받아 드릴 수 없기 때문입니다. ✔(사59:1-2, 합1:13).

그래서 ✔사람들이 죄가 많아서 지옥에 가는 것이 아니라 ❶죄를 <u>회개</u>치 않고 하나님을 찾지 않는 교만과 ❷예수님을 믿지 않는 완고한 고집으로 지옥에 떨어진답니다. (롬1:28-32). 아멘!

★★ 세상에서도 죄가 있으면 감옥에 가야 하는데, 속죄(贖罪) 함을 받지 못한 불신 자들(<u>일반인 자연인 곧 죄인들</u>)은 내세 감옥(지옥)에 갈 수 밖에 없답니다. "큰 소리로 외쳐 이르되 <u>구원 하심이 보좌에 앉으신 우리 하나님과 어린양(예수)께 있도다</u>" 아멘!(계7:10). 그래서 ✔'<u>다만 예수, 항상 예수, 오직 예수, 죽으면 죽으리다</u>'하는 신앙으로 매진해야 하겠습니다. 깨달을진저!

♣♣♣ 예배의 인생!

①영광을 받으시기 위해 하나님의 형상대로 인간을 창조하셨기에 예배하는 자를 찾으시는 하나님이십니다. ②그래서 하나님께서는 출애굽 후 가나안 정복을 위해 전쟁을 준비시킨 것이 아니라 양 잡아 제사드리는 것(레위기, 민수기의 그 많은 제사 = 어린양/예수를 통한 속죄 예표)만을 강조하셨음을 상기하며, 오직 어린양 예수로 하나님을 경배하는 예배만으로 가나안 복지 천국을 쟁취할 수 있다는 성경 내용입니다. 세상에 광야와 전쟁보다 더 어렵고 힘든 것이 어디에 있습니까?! 그러나 광야 40년과 가나안 정복에서 "전쟁은 하나님께 속하였다 하시며 책임져 주셨고(삼상17:47, 대하20:15), 하나님께서는 예배자들을 찾으시고, 또 신령과 진리(예수/요14:6)로 예배할지니라"(요4:23-24)고 말씀하셨습니다. 아멘!

"내가 너를 세웠음은 나의 능력을 네게 보이고 내 이름이 온 천하에 전파되게 하려 하였음이라" 아멘! 할렐루야!!

③★★"일의 결국을 다 들었으니 ✔하나님을 경외하고 그의 명령(말씀)을 지킬지어다. 이것이 ★모든 사람의 본분(곧 인생의 목적)이라"(전12:13). 아멘! ④그래서✔성경은 현세와 내세 천상에서까지 예수님 구속의 은혜를 감사 찬양하는 예배로, 하나님 영광만을 위해 사는 인생들임을 보여주시고 있습니다(계15:2-4). **하나님의 위대하심과 광대하심을 측량하지 못할지니라!!** 아멘

★★ 구원✔핵심은; 구세주 오직 예수님이십니다.

"믿음의 주요 또 온전하게 하시는 이인✔예수를 바라보자! / **믿음의** ✔**결국** 곧 영혼의 ✔**구원을 받음이라**" 아멘! (히12:2 /벧전1:9).

"예수님을 구주로 영접함으로 천국(天國) 가십시오!
그렇지 않으면 영벌의 지옥(地獄)에 떨어집니다"

二. 인생의 비밀(인간이 출생된 목적)
(The Mystery of Human Life)

당신은 자신이 왜 세상에서 살고 있으며
당신의 삶의 목적이 무엇인지 생각해 보셨습니까?

★★ 여기에 그 비밀을 열어 주는

네 가지(A,B,C,D) 열쇠가 있습니다.

A. 하나님의 형상으로 사람을 창조(創造):

1. 사람에게 하나님의 형상(영적 속성 /인격)이 있음;

①하나님은 사람을 통해 자신의 사랑과 선하심을 나타내시고 (롬8:29), ②사람을 통해 영광 받으시기 위해(사43:21), 그분의 형상(속성 인격)대로 사람을 만드셨다고 하셨습니다. (창1:26). 그래서♣사람들은 하나님의 선하심과 영광을 들어내야 합니다(엡1:14).

2. 사람을 하나님 그릇으로 창조;
하나님은 그분의 계획을 이루시기 위하여 사람을 하나님 그릇으로 만드셨습니다.(롬9:21-24). 이 그릇은★세 부분, 곧 영과 혼과 몸(육)으로 되어 있습니다(살전5:23).

몸은 물질적인 영역의 것들을 접촉하며 받아들이고, 혼은 정신적인 기관으로서 이성과 심리적인 영역의 것들을 접촉하고 받아들입니다. 그리고 사람의 영은 사람의 가장 깊은 부분으로서 하나님 자신을 접촉하고 받아들이도록 지어졌습니다.(요4:24). 그래서 사람은 단지 위 속에 음식을 담고, 생각 속에 지식을 담기 위해서만이 아니라, 영 안에 하나님을 담도록 창조되었습니다. (엡5:18).

— 21 —

B. 사람의 타락(墮落):

그러나 사람의 영이 생명이신 하나님만으로 충만하기 전에 죄(罪)가 사람 안으로 먼저 들어 왔습니다(롬5:12).

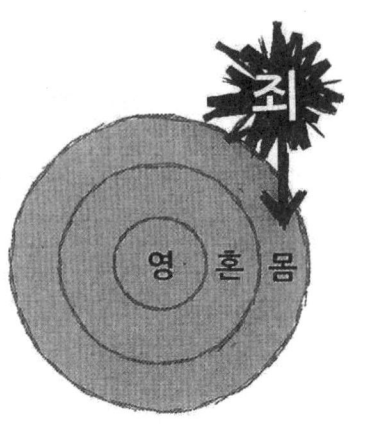

그래서 그★**죄는 사람의 영을 죽게 하였고**(엡2:1), **생각/혼 안에서 하나님과 원수가 되게 하였으며** (골1:21), **몸을 죄악이 가득한 육체로 변질시켰습니다.**(창6:3, 롬7:18). 그러므로 **죄**는 사람의 세 부분 전체를 손상시켜 사람들을 하나님에게서 멀어지게 했습니다. 이런 상태로는 사람이 하나님과 함께 할 수 없게 되었답니다. (✔사59:1-2).   아멘!

C. 그리스도의 구속(救贖):
그러나 사람의 타락(墮落)은 하나님의 원래의 계획을 이루시는 것을 막지는 못했습니다. ★**하나님은 그분의 계획을 이루시기 위해, 먼저 '예수 그리스도' 라는 사람으로 오셔 구주가 되셨습니다.** (요1:1, 14, 마1:21-23).

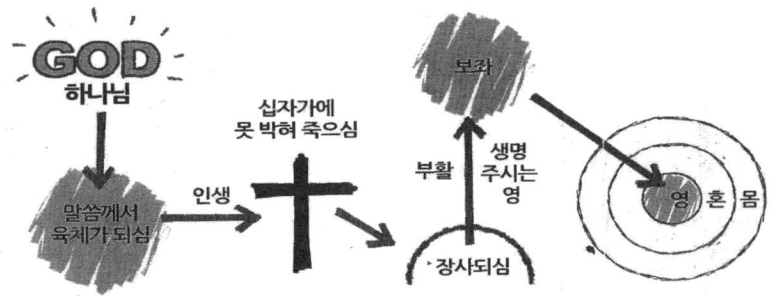

그리고 예수 그리스도는 사람들의 죄를 대속(代贖)하기 위해 십자가에서 죽으심으로(엡1:7), 사람들의 죄를 없애고 구원받을 수 있는 길을 열어 주셨습니다(엡2:13). 그리고 그분은 부활하셔서 생명 주시는 영(고전15:45)이 되시어 풍성한 **그분의 생명 곧 성령을 사람들의 영 안으로 영생(永生)을 분배**하시고 있답니다. (요20:22, 요3:6).

"너희 몸은 너희가 하나님께로부터 받은바 <u>너희 가운데 계신 성령의 전(聖殿)</u>인 줄을 알지 못하느냐 너희는 너희 자신의 것이 아니라 값으로(십자가의 구속으로) 산 것이 되었으니 그런즉 너희 몸으로 <u>하나님께 영광(榮光)을 돌리라</u>"(고전6:19-20). 아멘!

D. 하나님의 분배(分配):

1. 사람의 거듭남; 그리스도께서 죽고 부활하셔서 생명 주시는 영(성령)이 되셨기 때문에, 사람은 지금 영 안으로 하나님의 생명(성령)을 영접할 수 있습니다. 성경은 이것을 **'거듭남'**이라고 부릅니다(벧전1:3, 요3:3). 사람은 교육과 개선과 규율로는 하나님의 왕국에 참여할 수 없으며 신성한 생명을 살아 낼 수도 없습니다(슥4:6). 그래서 사람들은 반드시 하나님의 생명을 받아 들여야 합니다. ★하나님의 생명을 영접하여 구원을 얻는 길은 **하나님께 마음을 돌이켜(회개하며) 주 예수님을 구주(救主)로 믿고 영접하는 것입니다**(마4:17, 요1:12, 롬10:13). **그리하면 하나님의 성령이 내 영속에 들어오셔 내 영이 거듭납**니다. (고후5:17).

"예수께서 이르시되 진실로진실로 네게 이르노니 <u>사람이 거듭나지 아니하면 하나님의 나라를 볼 수 없느니라</u> /예수 그리스도의 십자가의 대속(代贖)을 통해 하나님의 형상으로 회복되고, /이제는 내가 사는 것이 아니요 오직 내 안에 그리스도께서 사시는 것이라"(요3:3 /골3:10 /갈2:20)고 하셨으니, 예수님을 구주로 영접한 사람들은 <u>하나님의 영광만을 들어내는 하나님의 자녀</u>가 된 답니다. (요1:12).

2. 하나님의 완전한 구원(救援);

사람은 거듭난 후에 세례(침례)를 받습니다(막16:16). 그럴 때 하나님은 믿는 이의 영에서부터 혼으로 생명이신 그분 자신을 점진적으로 확장하시는 과정을 시작하십니다.(엡3:17, 고전6:19).

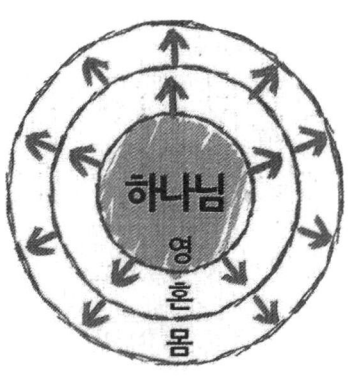

이 과정을 **'변화 /성화(聖化)'**라고 부르며(롬12:2), 이를 위해 우리는

말씀과 기도, 예배와 찬양생활로 ★하나님께 나아갈 때 하나님의 생명, 성령으로 충만(充滿)하여 자신의 갈망과 사상과 의지(곧 육과 혼의 지정의)가 주님의 것과 닮아 가게 된답니다.

★결국, 그리스도께서 다시 오실/재림 때, 믿는 자들의 몸은 그분의 몸과 같은 신령(神靈)한 몸으로 변화되는데, 성경은 이런 결과를 '**영광스럽게 됨, 영화(榮華), 신령한 몸**'이라고 부릅니다.(롬8:30, 빌3:21). 이것이 하나님의 완전한 구원이십니다.
"만물을 자기에게 복종하게 하실 수 있는 이의 역사로 우리의 낮은 몸을 자기 영광의 몸의 형체와 같이 변하게 하시리라"(빌3:21). 아멘!

★이렇게 하나님의 생명, 예수님과 성령으로 채워지고 적셔지고 닮아갈 때 우리는 하나님을 바르게 표현하는 예수님의 사람, 곧 그리스도인이 되고 하나님의 영광을 들어낼 수 있답니다.(고후2:14).

★★이것이 생명을 받고 태어난 인생들의 목적(目的)입니다.
(본서 P. 71~81 '왜 우리는 태어났을까요?' 참조).

E. 사람들, 거듭난 기독인들
(영혼육의 상관관계):

❶속 사람(**영/靈**/성령이 동거하는 영생)
❷겉 사람(**육+혼**/지정의/마음과 생각/내자아)
✔**성령 충만한 영**이, 겉사람 육 혼 지정의를 성화시키며 뚫고 나와, 하나님을 세상에 나타내는 **인생**, 나는 곧 내 감정과 내 생각대로 사는 자가 아니라 말씀대로 행하며 사는 **성도**가 되어야 하겠습니다! (P.106, **영혼육의 상관관계 참조**).

F. 영접 기도(고백):
하나님! 저는 죄인입니다. 저를 위해 죽으셔서 저의 죄를 대속(代贖)해 주신 예수님을 저의 구주(救主)로 영접하며 제 자신을 드립니다. 주 예수님! 이제 저의 영 안에 들어오셔서 하나님의 생명 곧 성령으로 저를 충만하게 하소서! 주 예수님 이름으로 기도 드립니다. 아멘!

영접과 축원 진심으로 죄를 회개하며 예수님을 구주(救主)로 믿고 영접 /고백하는 순간 당신은 성령으로 거듭나고 하나님의 자녀, 친 천국 백성이 되셨습니다(요1:12). 가족과 함께 가까운 기독교회에 나가 신앙생활을 계속함으로 신앙을 키우며 친족들 전도와 구원까지 보장받을 수 있기 바랍니다.(행16:31).

★인생 최후 승리자로 천국에서 꼭 만나 뵐 수 있기를 기원합니다. 천국에서 만나면 얼마나 서로 반갑겠습니까!! (✓고후1:14)

★★먼저 믿은 기독교인들이 열심히 전도해야 할 이유!!

①. 예수님의 지상명령이시기고!(마28:19-20). ②. 또 하나님의 은혜로 내가 먼저 구원을 받았으며(마16:26), ③. 천하보다 귀한 생명을 구원하는 것이 이 세상에서 가장 귀한 일이기에(마16:26), 또 ④. **전도할 기회에 전하지 않으면 그 피 값을 너에게서 찾으시겠다는 하나님의 엄중한 경고요!** (✓겔3:17-18). ⑤. 영생할 천국에서 영혼구원에 대한 상급이 가장 크답니다.(금 면류관 /고전15:41).

"너는 말씀을 전파하라 때를 얻든지 못 얻든지 항상 힘쓰라 /많은 사람을 옳은 데로 돌아오게 한 자는 **별과 같이 영원토록 빛나리라**"(딤후4:2 /단12:3). 아멘! 그리고 "세상에 나가 너희는 사람들을 강권하여 데려다가 내 집을 채우라"(눅14:23)고 하셨습니다.

★★본 전도 책자, '삶과 죽음'의 내용 구성 ★★

❶ P.1~25 (一), (二)장에서✓일차 전도(傳道)하는 것으로 구성했고,
❷ P. 26~106 (三)~(十二)장들은 많은 의문들에 대한 답변과 바른 구원신앙증진을 위한 성경 내용들을 상세 보충 했으며(90%),
❸ 또 '별첨' P.107~128은 보다 영적(靈的) 내용들로, 첨부 했으나 지면의 한계로 다 포함시키지 못해 유튜브에서 보충하고 있습니다.
❹. 그래서 "삶과 죽음" 본 전도책자 내용들을 ★유튜브; 검색어 ✓'전중빈'으로 제1단원에서~31단원까지 방송되고 있으니 참고 바랍니다. 그곳에는 본 전도 책자에 넣지 못한 선교와 신앙 간증, 그리고 영적내용들이 추가되고 있습니다.

★ 이세상에서 구원 받는 길은 오직 예수 믿는 것뿐임을 기억합시다!

三. 성경은 도대체 어떠한 책일까요??

> ❏**세계에서 가장 많이 오래토록 읽혀지고 있는 책!**
> 농민으로부터 대학교수에 이르기까지, 아프리카 토인으로부터 미국 대통령에 이르기까지, 그리고 어부로부터 핵박사에 이르기까지, 그 속에는 무슨 내용이 들어 있기에 그렇게 오래토록, 범세계적으로 읽혀지고 있을까?!

1. 성경은 하나님께서 인간구원과 내세의 영생(천국과 지옥)을 알려주기 위해서 특정한 사람(곧 선지자, 사도)들을 택해서 인간들의 글로 써서 준 ★★**하나님의 책**이기 때문입니다.

"먼저 알 것은 성경의 모든 예언**(구속사와 천국/왕국 건설)**은…사람의 뜻으로 낸 것이 아니요 오직 성령의 감동(感動)하심을 받은 사람(선지자, 사도)들이 하나님께 받아 말한 것임이라" 아멘! (벧후1:20-21).

2. 그래서 2, 3천 년 전 어부, 목동들을 통해 대필(代筆)된 성경이 현대 대학교수 지식인들이 감동을 받고 탐독하고 있답니다.

"성경은 능히 너로 하여금 그리스도 예수 안에 있는 믿음으로 말미암아 구원에 이르는 지혜가 있게 하느니라 ★모든 성경은 하나님의 감동(感動)으로 된 것으로 교훈과 책망과 바르게 함과 의로 교육하기에 유익하니…"아멘! (디모데후서 3장 15-17절).

3. **성경은**; 본래 우리에게 죄인(罪人)임을 선포하고, 이 ✔죄(罪) 때문에 찾아온 저주와 죽음과 심판에서 구원 받을 수 있는 길을 알려 주기 위해서 주신 창조주 하나님의 말씀, 곧 천국 백성 자격을 얻기 위한 교과서요. 천국 초청장이랍니다. (요20:31).

4. 성경의 위대성과 완전성, 영원성과 진리성을 본서(本書) 전반에서 ☎❶❷❸❹❺❻❼❽❾…㉚㊷순으로, 이후 중간 여백들을 통해 간헐적으로 추가하니 ✔**성경이 하나님의 말씀/천국법전임**을 깨닫고 확신하는 데 도움이 되시기를 바랍니다.

❹ ★★성경이 어떻게 하나님 말씀인가?? ★★

한 회사의 사장이 자기의 이름으로 비서(秘書)를 통해 회사의 게시판에 중대사를 공고했을 때 우리들은 그것이 사장님의 말임을 의심하지 않는 것 같이; ★우주만물의 창조주요 주(主)이시며 우주의 사장(社長)님이신 하나님께서도 사람들에게 천국과 지옥이 있으며 내세는 영원한 생명이 계속되니 구원받도록 알려 주기 위해 40여명의 하나님의 사람 곧 인간비서(선지자, 사도)들을 통해서 사람의 글로 쓰게 하여 주신 것이 지금 우리가 갖고 있는 하나님의 책, 곧 성경이랍니다.

그래서 ★★'사장의 명(命)에 의하여'란 문구 대신에, 성경은 "하나님께서 말씀하시기를, 나 만군의 여호와가 말하노라…, 하나님의 종 모세를 통해 말씀하시기를…"이란, 성경 구절이 2,500회 이상 반복됨으로 성경이 하나님께서 인간들에게 주신 하나님의 말씀/천국법전임을 스스로 입증해 주고 있습니다 ★★

❺ 성경의 위대성: 인도의 성자 마하트마 간디는,

『예수께서 주신 7쪽의 ✔산상교훈만 가지고도 기독교는 충분히 존재할 가치가 있다』고 성경(마태복음 5장~7장) 내용을 극찬하면서, 예수님의 이 교훈에서 저 유명한 ♣사티하 그라하(비폭력 저항)운동을 전개하여 바늘 하나 들지 않고 대영제국으로부터 인도 독립을 쟁취하는 위대한 업적도 이루었답니다.

성경에, "오직 이것을 기록함은 너희로 예수께서 하나님의 아들 그리스도(구세주)이심을 믿어…생명을 얻게 하고 /또 믿는 너희에게 영생천국(永生天國)이 있음을 알게 하려 함이라"고 기록해 주고 있습니다. (요20:31, 요일5:13, 행28:31).

❻ 인간들을 다스리고 구원하시는 하나님은 예언하시고 역사(歷史)를 통해 증거해 주시고 있습니다.

성경은 예언을 담은 하나님의 책으로 그 예언들이 역사적 사실로 정확히 증거되고 있고, 또 세계를 경영하시는 분이심을 증거해 주시고 있답니다(왕상18:20-24, 사14:24-27). 그러나 "어리석은 자는 그 마음에 이르기를 하나님이 없다하도다"(시14:1). 아멘! 개인의 역사 곧 기도응답을 통해서도 하나님이 체험되고 있습니다. (본서 P.107 '기도하고 구하는 것은 받은 줄로 믿는 신앙!').

❼ 성경의 진리성:

★★미국 하버드 대학의 아키발트 루트레지 교수는;

'나는 30년간 문학교수 생활을 한 사람으로서 가짜와 진짜를 가릴 수 있는 어떤 능력이 생기게 마련인데, 성경을 읽을 때마다 성경의 참됨과 그리스도(구세주)를 통한 하나님의 인간 구원계획의 완전하심에 찬탄을 금할 수 없다'고 고백하고 있습니다.

❽ 성경은; 약속의 말씀 곧 언약서, 약속의 책입니다.

성경은 구·언약(**구약**/舊約)에서 신·언약(**신약**/新約)으로 이어진 구속사(救贖史)의 기록이며, '**구속**(救贖)을 약속하는 하나님의 언약책'입니다. 언약(言約)의 핵심은 죄에 빠진 사람들을 구원하여 ❶천국백성으로 삼고 ❷영생천국(天國/왕국)을 이루시겠다는 만유의 주이신 하나님의 일방적인 선언 /곧 은혜언약이지요.

그래서 ♣기독교 신앙은 만유의 주이신 하나님은 말씀 (언약)하시고, 피조 된 인간들은 믿음으로 순종 /화답한다는 것입니다. 불응할 수도 있겠지만 그런 사람은 어쩔 수 없이 하나님과 이별하고 마귀들을 위해 예비 된 지옥에 갈 수 밖에 없다는 경고이십니다. (마25:41).

"내 이름으로 일컫는 내 백성이 그들의 악한 길에서 떠나 스스로 낮추고 기도하여 내 얼굴을 찾으면 내가 하늘에서 듣고 그들의 죄를 사하고 그들의 땅을 고칠지라"(대하7:14). 아멘!

〈 본서 P.116과 121의 '믿음의 결론과, 성서의 결론'을 꼭 참조 〉

四. 한국 최대 재벌 ☎삼성 회장님 임종직전 질문? 바로 = 여러분의 의문?

> 2012년 2월호 ✔월간조선에 실린 한국의 최대재벌, 삼성 이병철 회장님이 임종직전, 한 성직자에게 묻는 여러 질문들을 요약 정리해 보면 아래와 같은데, 그 ★★ 해답들을 본서 전반에서 제시해 주고 있으니 끝까지 읽어 보시기 바랍니다.

① 성경이 어떻게 하나님의 ✔말씀인가 ??
② 하나님의 ✔존재를 어떻게 증명할 수 있나 ??
③ 하나님이 우주만물을 ✔창조한 증거는 ??
④ 하나님은 ✔왜 고통과 불행과 죽음을 두었는가 ??
⑤ 신은 ✔마귀와 악한 자들을 왜 그대로 두고 있는가 ?
⑥ 죽으면 천국 아니면 지옥에 간다는 것을 어떻게 믿나?
⑦ 왜 예수님을 믿어야만 ✔구원을 받을 수 있나?
⑧ 신은 죄를 짓지 않는 인간으로✔왜 창조하지 않했는가?
⑨ 지구 종말(終末)은 ✔ 언제 오나 ??? 등등,

하나님이 있다면 왜? 왜??하며 많은 사람들이 하나님을 이해하지 못해 반문하는 것과 같은 의문과 질문들이었습니다.

 1. 하나님의 형상대로(영의 성품을 따라/창1:26) 사람을 창조하셨다고 하셨습니다. 이는 곧 선만 행하는 그런 로봇 인간으로 창조하시지 않고 선한 양심과 말씀을 주어 선악을 분별하며 ★★자유의지(自由意志)를 가진 하나님과 닮은 가장 귀한 존재(✔인격자)로 만드셨는데, 마귀의 유혹에 넘어가 하나님의 명령

- 29 -

에 불순종함으로 사람이 하나님과 분리되자 사탄의 소굴에 빠져 마귀가 가져다주는 시기와 질투, 정욕과 탐욕(貪慾)으로 물들며 더욱 악해지기 시작했고, 불행과 고통과 죽음이란 모든 저주가 이 세상을 지배하며 악한 일들이 계속되고 있답니다. 그런데 사람들은 이것을 하나님 탓으로 돌릴 때가 많지요. (롬5:12).

성경은, "여호와 하나님의 손이 짧아 구원하지 못하심도 아니요 귀가 둔하여 듣지 못하심도 아니라 ♣오직 너희 죄악이 너희와 너희 하나님 사이를 갈라 놓았고(✔사59:1-2). 또 **돈(물질)에 대한 한없는 탐심(貪心)이 일만 악의 뿌리가 되고 있다**"고 하셨습니다(딤전6:10).

<잠깐> **❾ 성경의 완전성:** 또 모든 의문들에 대한 해답이 성경 속에 ✔다 있는데, 성경 내용이 방대할 뿐 아니라 죄성에 물든 인간들은 그것을 들어 보려고도 하지 않고, 또 믿으려 하지도 않는답니다. (요한복음 3장 3-7절).

"너희는 여호와의 책(성경)에서 찾아 읽어보라 이것들 가운데 ★빠진 것이 하나도 없고 제 ✔짝이 없는 것이 없으리니 이는 여호와의 입이 이를 명하셨고 그의 영(성령)이 이것들을 모으셨음이라" (이사야 34장 16절). 아멘!

✔전지전능(全知全能)하신 창조주 하나님께서 주신 이 성경의 무오성과 완전성을 우리는 인정하며 믿어야 한답니다.(마5:18, 롬1:20).

2. 그래서 본 책자에서는 하나님이 있다면 **왜, 왜?** 하는 많은 의문들에 대해, 성경 말씀을 근거로 그 해답들을 하나하나 제시(提示)하고 있으니 ☞ 본서 각 장의 ★**성경 말씀들에 특별히 주목(注目)**하며 ✔판단해 보실 수 있기 바랍니다. 인생들을 향한 하나님의 선하신 뜻과 모든 사람이 구원에 이르기를 원하시며 기다리고 계신 하나님을 만날 수 있을 것입니다.

3. 20세기의 석학 ★버트란드 러셀은 자기 사상(思想)에 도취한 나머지 예수님의 성서 교훈까지 책잡으며 『나는

왜 기독교인이 아닌가』라고 자만했지만, 임종직전 그는 그의 부인에게 남긴 글에서;『지금 창밖에는 어두움이 깔렸는데 내가 죽으면 흑암이 나를 휘덮고 말겠지! 이제는 찬란한 빛도 장엄한 업적도 모두 사라진 짧은 한 순간의 무위와 공허(空虛)만이 남을거야!!』 이것은 천국구원을 외치신 예수님의 성경말씀을 비웃었던 **러셀**의 독백인데, 하나님과 내세를 모르고 생을 마치는 모든 사람들을 대변하고 있는 것이 아닐까요?!

4. 그런데 세기의 대 과학자 아이작 ★★뉴톤은;

『내가 발견한 것 중 가장 위대한 것은 내가 하나님을 발견한 것이다』라고 고백했고, 또 철학자요 탁월한 물리학자, 수학자였던 **천재 ★파스칼**은;『만일에 천국과 지옥이 있음도 알지 못하고 기독교를 믿다가 죽고 보니 천국도 지옥도 없었다면 그 사람은 손해 볼 것 없는 본전이지만, 그러나 성경대로 천국과 지옥이 있다면 그것은 천하를 얻는 것보다 더 큰 유익과, 전 생명을 잃고 마는 손해로 갈리게 되는데 똑똑하다는 사람들이 왜 이런 계산도 못하는가라고 하면서, '지옥은 없다 없다' 하다가 영벌의 지옥이 있으면 어떻게 하겠느냐?』는 것이었습니다. 영원히 지옥(地獄) 고통을 자취(自取)하는 어리석은 인생일 수밖에 없지요. **총명 있는 자들은 깨달을진저!!** 아멘!

※ 행복한 죽음?

예수님을 구주(救主)로 믿고 죽음을 예비 하십시오. /그리고 영생복락의 천국과 하나님을 바라보시기 바랍니다 /그리할 때 당신은 죽음을 찬송과 기쁨으로 마지 할 수 있을 것입니다.

> ✔성경은 '죽음을 잠자는 것'으로 말하고 있습니다. 어린 아이가 젖을 먹고 어머니 품속에서 잠자는 것을 보고 슬퍼하며 통곡할 사람이 있겠습니까? 이는 다시 깨어나는 부활의 소망을 가진 그리스도인들만이 누릴 수 있는 ♣행복한 죽음이랍니다.

한번 죽는 것을 처음부터 정해 놓고 이생을 허락하신 하나님은; 영생할 내세(천국과 지옥)을 **선택할 기회**로 주셨다고 하였는데 (히9:27=인생의 목적), ✔천국구원을 받았으면 그것으로 성공한 인생이요 금생과 내세의 목적을 다 이룬 삶으로, 죽음도 찬송할 수 있답니다. "하나님은 모든 행위와 모든 은밀한 일을 선악 간에 심판 하시리라 /선한 일을 행한 자는 생명의 부활로, 악한 일을 행한 자는 심판의 부활로 나오리라" (전12:14 /요5:29). 아멘!!

'죄짐 맡은 우리 구주 어찌 좋은 친군지, 걱정 근심 무거운 짐 우리 주께 맡기세, 주께 고함 없는 고로 복을 받지 못하네'(찬369). 찬송!

그래서 '예수 믿으면 일상의 삶들이 안정되고, 대부분의 기독신자들은 두려움 없이 죽음을 맞으며 평안을 고백' 합니다.

☀ 절대 성공한 인생 ✔최후 승리자는 ?!

세상이 온통 행복과 성공, 성공과 행복을 찾아 헤매며 야단들인데, 누가 진정 행복과 성공한 인생이며 최후 승리자입니까?

★★성경(누가복음 16장 19절-31절)에;

『부자 집 대문에서 부자의 상에서 떨어지는 음식 찌꺼기로 연명하던 **거지 /나사로**는 죽은 후 천사들에게 받들려 낙원(**천국**)에 가서 안식하고 있는데, 생시에 매일 연회와 파티로 호화롭게 열락하던 그 **부자 /고관**은 죽은 후 음부(**지옥**)의 불 가운데 떨어져, 낙원에 있는 나사로를 향하여 "그 ✔손가락 끝에 물을 조금 찍어 내 혀를 좀 서늘하게 하여 달라"고 애걸하는 그 부자의 모습은 진정 눈물겹지요!』 **얼마나 갈급하고 고통스런 지옥입니까?** 상상하고도 남지요.

★**초점** 그러므로 이승 /금생에서 아무리 부귀영화를 누리고 큰 이름과 많은 것들을 남긴 대 재벌, 고관, 대통령이라 할지라도 영생할 내세, 천국구원을 받지 못한 사람은 절대 실패한 인생(人生)이며, 본문의 거지 나사로와 같이 비록 불구이거나 병약하고 가난하게 살다가 간 약자(弱者)라도 천국구원을 받은 사람이라면 최후 승리자로, ♣절대 성공한 인생이랍니다.

예수님께서 "너희 이름이 하늘에 기록된 것으로 기뻐하라"(눅 10:20)고 하셨는데 나사로의 이름은 있어도 그 부자/고관의 이름은 없습니다. 그래서 아무리 부하고 유명한 인사라도 예수님 믿지 못하고 떠났다면 영생복락의 천당 복(福)과 생명의 복(福)을 받지 못한 불행한 인생(人生)일 수밖에 없답니다. 그래서 성경은,

"사람이 만일 온 천하를 얻고도 제 목숨을 잃으면 무엇이 유익하리요 사람이 무엇을 주고 제 목숨(영생)과 바꾸겠느냐"(마16:26).

"모든 육체는 풀과 같고 그 모든 영광은 풀의 꽃과 같으니 풀은 마르고 꽃은 떨어지되 오직 주의 말씀은 세세토록 있도다 하였으니 너희에게 전한 복음이 곧 이 말씀이니라"(벧전1:24-25). 아멘!

✔**상기 하나님의 말씀을 되씹으며 잠시 한번 음미해 보십시오!!**

★ 그런데 예수님을 믿는 여러분 중, 지금 처지가 혹 어렵다 할지라도 가난하고 병약했던 이 거지 **나사로**보다는 나은 형편이 아닙니까?! 그렇다면 최후 승리자, 절대 성공이 보장된 인생으로 소망 중에 기뻐하며 살아갈 수도 있지 않을까요*!!*

참고 인간들이 불순종하며 고집을 피우고 잘못된 길로 갈 때, 하나님께서는 왜 강제로 막지 않느냐고 하는데, ♣인간들의 선택의 자유의지(自由意志)와 판단과 결심이 바로 하나님의 그 고귀한 형상이기에 억지가 아닌 말씀에 순종하기를 바라며 기다리고 계신답니다.

⑩ 천국 건설을 위한 하나님의 원대한 경륜(계획)

국가 형성에는 ①**영토**와 ②통치**주권**(왕과 법)과 ③**국민**, 이 3대 요소가 꼭 필요한데, 영생복락의 천국(天國)을 이루기 위해 하나님께서는 하나님 형상(성품)을 닮은 자유의지를 가진 인격자로 순종 잘하는 친 천국백성/**국민**이 꼭 필요했던 것입니다. (레22:33, 민15:41, 딛2:14). 그래서 하나님께서는 첫 사람 아담을 하나님과 대화, 교제하며 살기 위해 **신의 성품을 닮는 자유의지, 인격자로 창조**하여 에덴 낙원을 주시며 "생육하고 번성하여 땅에 충만하라"고 축복하시면서(창1:26-28), 순종을

시험하는 하나님의 공의(公義), 곧 선악과(善惡果) 언약을 세우셨는데(창2:17), 옛 뱀(**곧 저주 받기 전에는 아름다운 천사였던**) 마귀의 꾀임에 넘어가 그 ^{최초}행위언약을 파기하고 불순종의 죄를 범함으로 천국백성 선발에 불합격한 첫 사람 아담에, 순종의 모범을 보이신 마지막 아담격인 예수님을 대비(對比)시키며 (✔롬5:14-19, 고전15:45), 지금 예수님을 구주로 믿어 구원받는 선택의 기회로 금생이 허락되고 있답니다. (히9:27). 여기에

★★**하나님의 원대한 경륜**(**곧 창세전, 태초에 예정하신 비밀한 하나님의 계획**)이 있습니다. 그래서 인류 역사 이래 아담과 같이 불순종하며 죄악에 빠지는 사람들도 생기고, 또 유혹하는 마귀와 가짜 종교인들과 거짓 선지자들도 일정기간 허락되고 있는 가운데, 말씀에 순종 잘하는 충만한 수의 천국백성으로 영생복락의 천국(天國)을 건설하기 위한 은혜의 경륜(엡1:4-6), 곧 수천 년의 성경 역사(歷史)도 소요 되고 있답니다.

그러므로 ♣세계 역사가 역사의 주인이신 하나님의 구속사적 경륜(세계경영)가운데 진행되고 있음을 알며 평소 하나님이 계심과 선하심을 의식하여 내세 천국을 예비할 수 있기 바랍니다.

성경에, "영원부터 만물을 창조하신 **하나님 속에 감취었던 비밀의 경륜**(**經綸/계획, 예정**)이 어떠한 것을 드러내게 하려 하심이라 /주의 약속은 어떤 이들이 더디다고 생각하는 것 같이 더딘 것이 아니라 오직 주께서는 너희를 대하여 <u>오래 참으사 아무도 멸망하지 아니하고 다 회개(悔改)하기에</u> 이르기를 원하시느니라 /…만군의 여호와의 열심이 이를 이루시리라" 말씀하셨습니다. (엡3:9 /벧후3:9 /사9:7).

그러나 "하나님이 (마귀의) 미혹의 역사(役事)를 그들에게 보내사 거짓 것을 믿게 하심은 **진리**(**하나님의 말씀**)**를 믿지 않고 불의를 좋아하는 (강퍅하고 완고하며 교만한) 모든 자들로 하여금 심판을 받게 하심이라**" (살후2:11-12)고 하셨습니다.

✔그래서 **하나님께서는 대충 지나가는 것이 아니라 지금 천국**

(天國)건설를 위한 원대한 구속사(救贖史)를 펼치고 계신답니다.
"나는 ✔너희 하나님이 되고 너희는 내 백성이 되게 너희를 애굽
땅(죄악 세상)에서 인도하여 낸 너희 하나님이니라"(민15:41, 겔37:27).
"만군의 여호와 하나님께서 이르시되 내가 생각(예정)한 것과
내가 경영(계획)한 것들을 반드시 다 이루리라"(사14:24). 아멘!
(본서 P.108 신·구약 성경을 관통하는 '오직 예수' 구속사 참조)

★★그래서 성경의 주제와 하나님의 목적은? ★★

❶예수님을 통한 인간 구원, 곧 **구속사**(救贖史)로 죄 없이 정결하고 순종 잘하는 친 천국백성들을 모와서, ❷하나님의 영원한 왕국(王國) 곧 새 예루살렘 성을 중심으로 한 새 하늘과 새 땅(계21:1)에 영생복락의 **천국**(天國)을 완성하는데 있답니다.

♣하나님의 원대한 소원이셨던 하나님의 경륜(經綸), 곧 에덴낙원을 회복시키며, 영원한 **천국**(天國)을 완성, 통합 통일하신다는데 있답니다. 계21~22장 곧 성경의 맨 끝장, **성서의 결론입니다.**

복 음: "그가(예수님이) 우리를 대신하여 자신을 주심은 모든 불법에서 우리를 속량하시고 우리를 깨끗하게 하사 선한 일을 열심히 하는 자기 친 천국 백성(天國百姓)이 되게 하려 하심이라"(딛2:14). 아멘

★역사와 세계를 경영하시는 하나님! (P.121 **성서의 결론** 참조)

⓫ 범죄한 아담'안에? 하늘에 속한♣예수님'안에?

인류 역사, 하나님의 경륜 가운데 ❶마귀의 유혹과 시험에 넘어가 하나님의 말씀을 거역한 원죄(原罪)로 말미암아 온 인류에게 죄와 저주와 사망의 조상이 된 **아담**과, ❷아담이 실패한 순종과, 마귀의 유혹과 시험에도 완전 통과하시고(마4:1-11), 또 사망에 처한 인생들을 십자가 대속과 부활의 권능으로 우리에게 천국 구원의 길을 열어 주신 **예수님**; ♣이 두 모델을 두 영적조상으로 대비(對比)시키고 있는데(✔롬5:12-21), 우리는 과연 어느 편, 누구'안에, 누구와 연합되어 있는가? 하는

것입니다. (갈2:20). 곧 성경(고전15:22과 49)은 "**아담 (불순종의 원죄) ˇ안에서** 모든 사람이 죽은 것 같이 그리스도 **예수 (속죄 공로와 부활의 권능) ˇ안에서** 모든 사람이 삶을 얻으리라 /우리가 흙에 속한 자(아담)의 형상을 입은 것 같이 또한 하늘에 속한 이(예수)의 형상을 입으리라"고 하십니다. **(성경의 대표 원리와 일체의 원리 /P.81 참조).** 그리고 또

♣"이제 **그리스도 예수 ˇ안(in Jesus Christ)에 있는 자**에게는 **결코 정죄함이 없나니** 이는 그리스도 예수ˇ안에 있는 **생명의 성령의 법**(곧 예수 생명과 복음)이, 죄와 사망의 법(곧 율법의 저주와 마귀의 사망 권세)에서 너를 해방하였음이라"(롬8:1-2). 아멘! 그래서 아직도 허물과 부족함이 많음에도 불구하고 기독교인들은, '**예수(십자가 속죄 공로와 부활신앙)ˇ안**에서 의롭다함을 받고 천국 구원을 받을 수 있다'는 복음(福音)입니다.

또 "너희가 내(예수)ˇ안에 거하고 내 말이 **너희ˇ안**에 거하면 무엇이든지 원하는 대로 구하라 그리하면 이루리라"(요15:7)고 하셨으니, ♣**예수님ˇ안**, 곧 "**내게 능력 주시는 자(부활의 예수님)ˇ안에서 내가 모든 것을 할 수 있다**"(빌4:13)는 담대한 믿음과 (하나님의 자녀, 왕 같은 제사장이란) 확고한 자화상과 자존감입니다. 예수님 안에서 **자존감**은 교만이 아니며 **믿음과 권능**입니다. "그러므로 우리의 믿는 도리이신…예수를 깊이 생각(묵상)하라"(히3:1) 그리하면 생명과 평안이신 예수님으로 말미암아 평안과 기쁨과 사랑과 소망이 넘치는 삶이 될 수 있답니다.

그리고✔**예수 그리스도ˇ안에 있다는 것**은; 예수님을 믿어 성령으로 거듭난 자로서, ①세상과 죄악들을 이기고, ②예수님의 향기 곧 예수 냄새를 풍기며(고후2:14-17), ③현세에서 승리의 삶에, 영생복락의 천국백성이 될 수 있다는 기쁜 소식입니다.

그래서 ♣**마귀들이 가장 무서워하는 것**은 죄와 사망의 마귀 권세를 무력화시킨 ❶**예수님 이름**과 ❷**예수님 십자가의 피**와 ❸**예수님 부활 권세**로 우리가 선포하며 명령할 때 마귀들은 혼

비백산 떠나가게 된답니다.(막16:17). ★★그래서 우리는 예수님 이름으로 기도하며, 치매(癡呆)기가 있는 노약하신 부모님과 이웃 친지들께 하루에 10번씩 '**예수님 이름**'을 부르며 기도하거나 찬양하도록 권고하고 있습니다. **예수님 이름은 마귀를 제압하며, 구원의 절대 보증(保證)이 되고 있기 때문입니다.**

⑫ 예수 안에서 선을 이루시는 하나님을 믿고 두려움을 이기는 신앙: 우리들의 문제는, 늘 하나님의 기회입니다. 노예로 팔려간 요셉은 가족과 민족을 살렸고, 핍박 받은 다니엘과 모르드개는 바사 왕국의 국무장관이 되어 이스라엘과 민족을 구했습니다. 진정 예수 안에서 당한 그 어떤 시련도 불행으로 끝나는 재앙은 없답니다. 이런 긍정적 믿음은 두려움을 적게 하여 주지요. "예수께서 말씀하시되 내니 두려워 말라(마14:27)" 사랑하시는 자들을 위하여 그 아들도 아끼지 않으신 하나님께서는 모든 일을 합력하여 선을 이루시며 오늘도 우리를 인도하시고 계십니다. 그러므로 "너희 염려를 다 주께 맡겨라 이는 그가 너희를 돌보심이라"(벧전5:7) 아멘!

※ 예배하는 자를 찾고 계신 하나님을 만나는 지혜!

★★대통령이 만나자고 하는데 내가 지금 바빠서 못 가겠다고 하겠습니까?! 하나님께서 당신을 찾으시며(교회 예배실에서) 기다리고 계신다는데 대통령보다 몇천배 위대하신 하나님을!! "하남께서는 예배하는 자를 지금 찾고 계신다"고 하셨습니다.(요4:23). 아멘!★★

"하나님 아버지께서는 예배하는 자들을 찾으시느니라 하나님은 영이시니 예배하는 자가 영과 진리로 예배할지라" (요4:23-24). 아멘!! 그래서 교회 예배 참석에 새로운 인식과 태도들이 꼭 필요하답니다! 그런 일상일 때 체험되는 놀라운 신앙들이 다 될수 있을 것입니다.

**"예수님을 구주로 영접함으로 천국(天國) 가십시오!
그렇지 않으면 영벌의 지옥(地獄)에 떨어집니다"**

五. 영계(靈界) / 영의 세계

마귀들은 하나님을 무시하고 하나님의 보좌를 탐내다가 하늘에서 쫓겨난 <u>교만한 천사장(루시퍼)</u>을 우두머리로 하여 그를 따르던 ♣**타락한 천사들**이라고 성경은 말해 주고 있습니다.
(아침의 아들 계명성; 루시퍼 /사14:12-17, 유1:6, 겔28:13-17 참조).

1. 마귀가 정말 있습니까? 조상의 영과는?

◎ 마귀와 귀신들은 실재(實在)하는 악의 영체들?

그래서 ✪조상의 영과는 다른, 영의 세계의 깡패와 같은 존재들이랍니다. 그들은 신접한 점쟁이들을 통해서 조상의 영으로 가장하여 나타나서는 자기가 진짜 조상의 영(靈)인양 집안 형편을 자세히 밝히고는 엄포를 놓거나 미혹하는 것이지요. 그러나 그 모두가 조상의 목소리까지도 능히 흉내 낼 수 있는 마귀들의 속임수, 미혹들임을 알아야 한답니다.

그러므로 조상의 영을 불러내어 점을 쳐주는 초혼(招魂) 점쟁이들에게 속지 않기 바랍니다. 광명한 천사로도 능히 가장할 수 있는 거짓의 아비 마귀들의 속임수이지요. (고후11:13-15).

영의 세계의 일정한 장소(낙원천국 아니면 음부지옥)에 들어간 조상의 영들은 이 지상의 자손들의 집에 올수 없다고 하였습니다(✔눅16:26-31). 이 영적인 지식을 가지고, 갖은 방법으로 미혹하는 신접한 점쟁이들에게 속지 않기 바랍니다.

♣**주목** 요사이 ○○ 철학관 /오대산 30년 도사, 역술인, 무슨 쪽 집게 보살이니, 세상 모든 길흉사를 다 아는 양 전철이나 버스 /의자 등받이까지 유혹하는 광고들이 범람하며, 또 부적을 팔고, 굿을 하지 않으면 가족과 자식들에게 큰 화가 미칠 것이라는 엄포에 속아 사기 당하지 않기 바랍니다.

◎ 죄(罪)와 사망(死亡)의 권세를 잡은 자 마귀들?

마귀와 그 졸개 귀신들은 죄와 사망의 권세를 가진 자로서 사람들에게 병을 가져다주고 우리 자녀들에게 여러 가지 나쁜 생각을 넣어 주기도 하며 사람들의 심령을 사로잡아 번뇌케도 하고, 또 죄의 길로 유혹하거나 악으로 충동질하여 우리 자녀들을 범죄 케도 하는 악의 영체들이라고 하였습니다.

　그래서 예수님께서는, 마귀들은 세상 임금으로 악한 자들과 함께 하고 있기에(요14:30, 요일5:19), 온 천하를 꾀며, 병을 가져다주고, 심령을 사로잡으며 자살케도 하는 살인자 악령들이고 말씀해 주시고 있습니다.(계12:9-10, 요10:10, 막5:13). 그러므로, 우리들은 자녀들과 가정을 그들의 악한 미혹과 심령적 지배로부터 지키기 위해서도 예수님의 권세 안에 들어와야 한답니다.

♣♣주 목 마귀들은 사람들보다 훨씬 힘이 강하고 속이는 재주가 많지만 ✔예수님의 권세 앞에서는 꼼짝도 못합니다. 그것은 마치 힘과 능력이 크고 강한 트럭이 교통순경의 권세 앞에서는 꼼짝도 못하는 것과 같은 이치이지요,

　그래서 캄캄한 밤중에 뒷골목을 지날 때, 즉 죄로 어두워진 이 마귀세상을 살아가는 동안에 칼을 들이대고 위협하는 깡패(마귀)들을 향하여 내가 대통령(하나님)의 아들 ○○이라고 하면 그 권세가 두려워서 칼을 놓고 도망치는 것과 비유될 수 있겠습니다. 『예수가 함께 계시니 시험이 오나 겁 없네 원수 마귀 쫓겨 가기는 예수 이름 듣고 겁이 남이라/찬송가』 아멘!

◎ 예수님의 보호를 받으며 살아가시기 바랍니다.

　마귀들은 상징적인 존재가 아니며, 실제로 우리와 우리 가족들에게 악하게 영향을 줄 수 있는 악한 존재들임을 꼭 기억해야 하겠습니다. 그래서 귀신들은 사람들의 정신을 혼미케도 하고, 심령을 사로잡아 술 마시고, 흉악케도 하며, 마약과 음란에 빠지고, 미치게도 하며, 자살토록 충동질도 하는 악한 영(靈)들이라고 성경은 증거 해 주고 있습니다. (마15:22, 막1:23-26).

　또 이 세상 마귀(魔鬼)들은 믿지 아니하는 사람들의 마음을

혼미(昏迷)케 하여 예수 그리스도를 통한 속죄와 구원의 진리를 깨닫지 못하게도 한다고도 하였습니다. (고후 4:4).

그러나 성경에 하나님의 아들 예수님께서는 마귀들에게 억압된 모든 사람들을 해방시켜 주기 위해서 오셨다고 하셨기에(눅 4:18-19. 요일3:8, 행10:38), 예수님을 자기와 자기 가정의 구주(救主)로 믿고 예수님의 이름 권세를 의지해서 마귀들을 대적하면 마귀들은 물러가지 않을 수 없답니다.

◎ 자기 집을 귀신(鬼神)의 처소로 만들지 말라.

그러므로 예수님 이름으로 예배를 드리고 찬송하며 살아가는 가정에는 귀신들도 무서워서 들어올 수가 없는 것이지요. 그러나 ♣점을 치고 굿을 하며 부적(귀신들의 표 딱지)에 의탁하는 등 우상숭배로 귀신들을 불러들이거나 방임하고 있는 가정에는 귀신들이 들어와 머물기 때문에 많은 고통을 당할 수밖에 없답니다, 악한 깡패가 집에 들어와 자리를 펴고 있으면 이로울 것이 무엇이 있겠습니까? 영육 간에 번민과 고통뿐이지요(✔마12:43-45).
(P.75, '마귀와 악인(惡人)들을 왜 당장 지옥에 멸하지 않는가?' 참조)

성경을 통해 이 엄청난 영적인 내용들을 깨닫고 항상 마귀들을 대적하며 하나님의 보호와 은혜 가운데 사시기 바랍니다.

그래서 하나님께서는 "근신하라 깨어라 **너희 대적 마귀가 우는 사자같이 두루 다니며 삼킬 자를 찾나니 너희는 믿음을 굳게 하여 저를 대적하라**"고 말씀하시고 있습니다. (벧전5:8-9).

※ 천국을 이루지 못하게 방해하고 있는 마귀들?

하늘에서 쫓겨난 악한 사탄 마귀들은, 하나님은 이길 수 없으니까 **크게 분을 내어** 하나님의 형상으로 지은 인간들을 유혹하며 타락시키므로 하나님의 나라를 이루지 못하게 방해하고 있답니다. 그리고 주로 공중에서 악을 도모하던 사탄 마귀들이 마지막 때가 되면서 지상에 내려와 세상을 어지럽히고 있기에 지금 세상은 말할 수 없는 혼란과 극악하며 고통스러운 일들이 많이 생기고 있답니다. (단10:12-13, 엡6:12, 딤후3:1-5).

이것을 성경은, "큰 용이 내어 쫓기니 옛 뱀 곧 마귀라고도 하고 사탄이라고도 하며 온 천하를 꾀는 자라 그가 땅으로 내어 쫓기니…땅과 바다(**지구**)는 화있을진저 이는 마귀가 자기의 때가 얼마 남지 않은 (**마지막 때**) 줄을 알므로 ✔크게 분내어 너희에게 내려갔음이라"고 경고해 주시고 있습니다. (계12:9-12).

※ 우는 사자 같은 사탄 마귀들과의 영적 전쟁(엡6:10-20).

최근 국내외적으로 더욱 극악해지며 살인과 테러와 증오로 들끓는 이 세태(世態)는; 저희의 때가 얼마 남지 않은 사탄 마귀들이 최후 발악하며 격동하는 말세적 현상들임을 알고 ❶말씀과 기도로 무장하되 ❷믿음의 방패를 굳게 하고 ❸예수 이름으로 마귀를 적극 대적하며 이겨야 할 때입니다. (계12:12, 딤후3:1-5, 벧전5:8).

"우리의 씨름은 혈과 육에 대한 것이 아니요 정사와 권세와 이 어두움의 세상 주관자들과 하늘에 있는 악의 영들에게 대함이라"(엡6:12). 아멘! **마귀**들은 사람들을 하나님으로부터 철저히 **분리시키는** ✔**이간질의 명수**임을 꼭 기억해야 합니다.

♣♣영적 지혜 속된 표현으로 집터가 세다거나, 알 수 없는 자살이나 우울증, 가출 등 불행한 일들이 끊이지 않는 가정들은 이 악신, 살인마귀들의 강한 압박과 공격일 가능성이 크답니다(요10:10). 그러므로 온 가족이 예수님을 믿되, 특별히 가장(家長)되는 분이 하나님 앞에 ✔**자존심과 고집 완고함**(죄성들)을 내려놓고 예수님께 나아오지 않으면 그 원인 모를 불행의 사슬이 쉽게 끊어지지 않는다는 것을 꼭 명심하고 온 가족이 예수님 권세 안에 보호 받을 수 있기 바랍니다. (마12:43-45).

그리고 ★★모든 **죄악들**이 하나님을 피하며 도망가는 것들이라면, 별로 죄가 되지 않는 것 같은 ✔**평소 원망과 불평**, **교만과 고집**, **불순종과 완고함**은 오히려 하나님과 맞서며 대들고 멸시하는 **악행**으로 정죄됨을 꼭 알아야 하겠습니다.(롬2:4-5). ✔**완고한 자아와 혈기**도 오히려 **우상숭배**에 속하고 있음을 꼭 알아야 합니다.

그래서 "하나님은 **교만**한 자를 물리치시고 **겸손**(謙遜)한 자에게 은혜를 주신다"(약4:6)고 하셨습니다. 그리고 우는 사자 같이 삼킬 자를 찾아다니며 사람들로 하여금 죄 짓게 하고 멸망시키는, 이 악한 마귀들이 실재함을 깨닫고, 예수님을 믿으므로 그 이름 권세를 힘입어 자신과 가정을 지키는 영적 지혜와 총명을 잃지 않기 바랍니다.

♣♣ 흡혈귀 마귀들을 추방하라;
마귀들은 사람들에게 붙어사는 흡혈귀들입니다.(✔마8:28-38, 마12:43-54). 그럼으로 예수 이름 권세를 의지해서 마귀들을 항상 대적하며 쫓아내야 한답니다. 성경에 "여호와 하나님이 (**타락한 천사인**) 뱀에게 이르시되 오늘 네가 (**곧 인류조상 하와와 아담을 유혹하여 타락케 하였은즉**)...저주를 받아 종신토록 흙 (**곧 흙으로 지은 사람들/창2:7**)을 먹으라라"(창3:14)는 이 영적 실상을 기억하며 마귀들을 항상 대적/추방하시기 바랍니다.

그런데 예수님(성령님)께서는 이 흡혈귀 마귀들에게 억눌린 자들을 구원하고 자유케 하려고 오셨다고 하셨습니다.(✔눅4:18-19).

"죄를 짓는 자마다 마귀에게 속하나니 마귀는 처음부터 범죄함이라 하나님의 아들 예수가 나타나신 것은 마귀의 일을 멸하려 하심이라"(요일3:8). 또 성경은 "...마귀에게 눌린 모든 자를 고치셨으니 이는 하나님이 함께 하셨음이라"(행10:38)고 성경에 기록해 주시고 있습니다. 할렐루야! < 본서 P.117 예수님 이름 권세와 그리스도인들의 영적권세 참조 >

바른 구원 신앙은? ❶오직 성경에 기초를 두고, ❷오직 예수 ❸오직 믿음 ❹오직 은혜 ❺오직 하나님 영광에 기초를 둔 신앙!

구원의 절대 요건은; ❶오직 예수 ❷오직 회개와 ❸믿음만을 요구하는 ❹하나님의 전적 은혜인데, 여기서 하나님께 대한 진정한 ✔회개(悔改)는 죄의 회개뿐 아니라 이때까지 세속적인 생활에서 하나님을 향해 '방향을 바꿔' 하나님 중심으로 사는 삶입니다. ✔회개와 믿음은 죄 사함과 구원의 시발이요 전제(前提)이며 ✔절대 요건(要件)입니다. (요일1:9, 행2:38). 아멘!

2. 조상을 위한 제사(祭祀) 문제

장손으로서 집안의 제사를 모셔야 하는데 교회에 나가면 어떻게 할 수 있습니까? 그리고 조상을 위하는 제사가 무엇이 잘못입니까?! 많은 사람들이 묻는 똑같은 질문이기도 하지요.

✔조상의 영혼은 영의 세계의 일정한 장소, 즉 낙원 천국이나 음부 지옥에 한번 들어가면 후손들이 살고 있는 집에 왔다 갔다 하지 못한다고 성경은 증거 해 주고 있습니다.(✔눅16:19-31).

그래서 우리 주위에서 활동하는 것은 하나님의 백성을 보호하는 수호천사들과 타락한 천사인 마귀와 그의 졸개 귀신들뿐이라고 하였습니다.(마18:10, 히1:14, 시34:7). 그러고 보면 오지도 못하는 부모님의 영혼에 제사상을 차리고 절을 한다는 것이 얼마나 어리석고 헛된 일인가를 깨닫게 하여 주고 있지요. 부모님의 영이 없는 ✔헛것에 절하는 것을 우상숭배라고 합니다.

◎ 부모님 공경과 효도를 첫 번째※※계명으로 명령

초점 하나님께서는 부모님 공경하는 것을 십계명(十誡命)으로 명령하시되 약속 있는 ✔첫 계명으로 명령하시고, 부모님께 효도하는 것을 가장 큰 축복의 조건으로 정하고 강조하시며, 부모님을 경홀히 여기는 자는 저주를 받을 것이라고 경고하시고 있습니다.

"자녀들아 주 안에서 너희 부모에게 순종하라 이것이 옳으니라 네 아버지와 어머니를 공경하라 이것이 약속 있는 첫 계명이니 이로써 네가 잘되고 땅에서 장수하리라, 그러나 그의 부모를 경홀히 여기는 자는 저주를 받을 것이라"(엡6:1-3, 신27:16). 아멘!

이 외에도 부모님 공경하고 효도하라는 하나님의 권고와 명령은 그 수를 헤아릴 수 없이 많답니다. 하나님을 오해하지 않기 바랍니다. 성경에, "나는 너희를 거룩하게 하는 여호와니라 만일 누구든지 자기의 부모를 저주하는 자는 반드시 죽일지니 그가 자기의 아버지나 어머니를 저주하였은즉 그의 피가 자기에게로 돌아가리라"고 경고해 주시고 있습니다. (레20:8-9).

그런 하나님이신데 진짜 부모님의 영이 오신다면 왜 제사(祭祀)를 지내지 말라고 금하시겠습니까? 그러나 그것은 마귀에게 미혹되어 우상(헛것)에게 절하고 있기 때문이지요.

그리고 돌아가신 부모님의 시신(屍身)이나 묘(墓)에 절하지 않는 것은 생명을 싸고 있던 겉옷과 같은 육신(장막 집 /고후5:1)을 진짜 생명으로 착각하면 진짜 생명인 부모님의 영혼을 잃어버리는 혼돈에 빠질 수 있기에 금하시는 줄로 압니다.

♣주목 진짜 부모님의 생명인 영혼은, 영의 세계 곧 하늘나라에 가 계신데 벗어 놓고 가신 겉옷에 절을 한다면 이상하고 또 진짜 부모님을 잃어버리는 혼돈에 빠질 수 있지 않겠습니까? ✔진짜 생명은 육신 속에 있는 영혼임을 사람들에게 깨닫게 하고 인식시켜 주기 위해서 시신에 절하는 것을 헛것(=우상)이라고 하시며 하지 못하게 하시고 있는 줄 압니다.
조상의 영혼은 애벌레/번데기가 껍질을 남기고 꽃밭을 날아다니는 나비의 또 다른 세계와도 같다고 비유될 수 있을까요?!

◎ 하나님 공경이 조상을 배반하는 것이 아닙니다.

부모님께 효도하는 마음에서 조상을 위한 제사(祭祀)에 온 정성을 쏟고 계신 저의 백 숙부님들은 조상을 배반할 수 없기에 교회에 나갈 수 없다고 합니다. 그리고 믿지 않는 이웃사람들이 부모님도 모르는 불효자식이라고 흉을 본다는 것입니다.

그러나 ✔예수님을 믿고 하나님을 예배 /경배하는 것이 절대 조상을 배반하거나 부끄러운 일이 아닙니다. 자기와 자기 부모님과 조상들의 생명까지도 주신 창조주 하나님도 모르고 배척하며 우상숭배 하는 것이 오히려 부끄러운 일이지요. 마귀들은 사람들을 충동하여 하나님을 배반하며 불경케 하고 있답니다.

하나님께서는 "이방인이 제사(祭祀)하는 것은 귀신에게 하는 것이요 하나님께 제사하는 것이 아니니 나는 너희가 귀신과 교제하는 자가 되기를 원하지 아니하노라"고 하시면서 (고전10:20),

♣♣하나님 공경하는 자에게는 ✔천대까지 은혜를 주시나, 우상숭배하는 가문은 자손 ✔삼사 대까지 저주가 대물림된다. 축복은 천대, 저주는 삼사 대로 줄이시는 하나님이시랍니다.(출20:5-6).

★★원죄(原罪)유전과 가계저주(家系咀呪)는 하나님의 대표원리(代表, 롬5:12-21)와 일체(一體)의 원리(히7:9-10)로 심판되고 있답니다.　　　(P.81 꼭 먼저 참조 요망)

그래서 조상 대대로 제사지내며, 무당과 점쟁이, 잡신들을 섬긴 ✔가계(家系)의 우상숭배의 저주가 3~4대까지 대물림되지 않도록 우리들은 이 조상들의 죄까지도 회개(悔改)하며 영적으로 무장해야 하겠습니다. 그래서 은밀하게 침투하는 악신들에게 틈을 주지 않고 예수님께서 말씀하신 더럽고 악한 귀신들(마12:43-45)을 추방하는 영적 권세도 적극 활용할 수 있어야 하겠습니다.

"예수님께서는 우리들에게 더러운 귀신을 쫓아내며, 모든 병과, 모든 약한 것들을 고치는 권능을 주셨고(마10:1), 또 내가 천국 열쇠를 네게 주리니 네가 땅에서 무엇이든지 매면 하늘에서도 매일 것이요 네가 땅에서 무엇이든지 (기도와 선포로) 풀면 하늘에서도 풀리리라고 하시면서(마16:19), 또 믿는 자들에게는 이런 표적이 따르리니 너희가 내 이름으로 귀신을 쫓아내며…뱀(마귀들)을 집으며…병든 자에게 손을 얹은즉 나으리라"(막16:17-18)고 약속하셨습니다. 이 마귀들을 제어할 권세를 받았음을 꼭 기억하고 당당하게 귀신들을 쫓아내는 영적 전사들이 다 될 수 있기 바랍니다. '우리 가족들에게 역사하는 마귀의 영들은 예수 그리스도 이름으로 결박되어 물러갈지어다' 아멘! 선포 명령합시다.

< 잠 깐 >　⓭ 성경의 역사성과 통일성:

신·구약 성경은, 왕과 선지자를 비롯 어부와 목동, 세리, 의사, 등 출신 배경도 다양하고 거의 연계도 없이 2, 3천 년 전,

♣1600년이란 긴 기간(BC 1500경 모세에 의해 모세오경 기록을 비롯해서, 예수님이 오신 뒤-AD 100년의 제자들)까지

에 걸쳐 40여명에 의해 독자적으로 기록된 것들을 규합한 66권(**구약 39권, 신약 27권**)의 방대한 기록물인데, 죄와 사망에 처한 인간들을 구원하기 위한 하나님의 계획과 구속사의 메시야 언약과 예언들이 일관되며, 또한 역사적 사실로 지금 정확히 들어나고 있는 증거들이 전지전능하시고 완전하시며 역사(歷史)를 주관하시는 하나님께서 주신 책, 곧 **영생복락의 천국 건설**을 위한 **인류 구속사(救贖史)**임을 증거 해 주시고 있답니다.

⑭ 성경의 객관성

성경을 이스라엘 민족의 역사를 미화(美化)한 것이라고 말하는 사람도 있는데, 자기들이 가장 존경하는 성군(聖君) 다윗왕의 파렴치한 간통죄에 살인죄까지 범한 비열한 행위까지 가감 없이 기록되고, 또 이스라엘 백성들의 수치스런 역사들도 있는 그대로 다 기록되어 있는 이런 객관성(客觀性)이 하나님의 글임을 입증하고 있답니다. (삼하11-12장).

다만 무엇이 죄이고, 또 하나님께서 기뻐하시고 싫어하시는 것이 무엇인지를 성경 속 유대민족의 일상생활과 역사(歷史)를 통해서 구체적으로 ♣**실물 교육**해 주심으로서 사람들에게 하나님의 뜻을 구체적으로 알게 하여 주시고 있습니다.

⑮ 보지 않고 믿는 자의 복!

① "중심을 보시는 하나님 앞(삼상16:7)과, ②보지 못하고 믿는 자가 복이 있다는 예수님 말씀 앞에서(요20:29)", 하나님 말씀과 성령님의 인도하심을 믿고 끝까지 기다리며 바라는 인내의 기도와 믿음을 더 기뻐하신답니다!! (히11:1-6)

⑯예수"안에서 하나님의 영원한 시간들을 현실로 느끼며 사는 은혜;

하나님께는 천년이 하루 같은 이 사실(벧후3:8)과, 또한 성경의 예수님 십자가 대속 사건과 예수님 재림의 약속까지 사람들은 까마득한 옛날과 미래의 일들로 생각하며 살고 있지만, "주께는 하루가 천년 같고 어제나 오늘이나 영원토록 동일하시다"(히13:8)는 말씀 안에서 기독인들은 현실 사건들로 믿어지는 성령의 은혜가운데 늘 살아갈 수 있답니다.

六. 공자나 석가는 ; 종교를 만들지 않았습니다.

> 공자와 석가모니는 내세의 생과 구원을 다루는 종교를 만들지 않았습니다. 그런데 후세사람들이 그분들의 ✔인생철학적인 교훈들을 앞세워 하나의 ♣인간종교들을 만든 것이지요.

그 증거로 「죽은 다음에 사람은 어떻게 됩니까?」라고 질문하는 제자들을 향하여, ☎공자는 『이 세상의 일도 다 알지 못하는데 죽은 후의 일을 어찌 알 수 있겠느냐(未知其生 焉知其死)』라고 답변하였고, 또한 『인명은 재천이라』고 말함으로서 하나님이 생명의 주(主)이심을 나타내고 있답니다.

그리고 ☎석가모니도 생의 내세를 깨달아 보려고 오래토록 참선(묵상)하는 중에 그분이 깨달은 것은 내세의 구원진리를 깨달은 것이 아니라 『대자연 가운데서 인간들의 미미성(微微性)을 깨닫고는, 이것을 깨달은 자는 **각자**(覺者), 곧 깨달은 자라』고 고백한 것뿐인데, 후세사람들이 그분의 윤리 도적적인 교훈에 윤회설이니 열반설이니 알쏭달쏭한 내세론과 극락설을 추가함으로서 하나의 ♣인간종교를 만든 것이지요.

또「네 자신(네 주제/네 분수, 곧 인간의 미미성)를 알라」고 외쳤던 성현 ☎소크라테스는 말년에도 『내가 분명히 알고 있는 것은 내가 모른다는 사실이다』라고 고백하였는데, 그러고 보면 **석가의 깨달음과 소크라테스의 깨달음**(自覺)은 같으며, 곧 **철학**(哲學)이랍니다.

이와 같이 성현들, 공자와 석가모니, 소크라테스도 인간의 한계를 고백하며 내세의 길을 알려주지 못하고 떠났는데 이 모두는 머리가 아무리 뛰어난 성현, 박사들이라고 해도 신(神)의 영역인 영의 세계 곧 내세를 알 수 없다는 증거이지요.

사람들은 흔히 종교는 다 같지 않느냐고 말하는 경우를 많이 듣게 되는데 다 같지 않습니다. 인간들이 만든 세상종교들은 내세에 대한 해답도 없고 구원의 길도 없습니다.

그래서 ★★공자님은 『아침에 인생의 도(道)를 듣고 깨달을 수만 있다면 저녁에 죽는다고 해도 여한이 없겠다』라고 고백 하였답니다. (朝聞道而 夕死可矣 /공자).

그러나 ☎하나님의 아들 예수님께서는, "내가 곧 길이요 진리요 생명이니 나로 말미암지 않고는 아버지께로(천국에) 올 자가 없느니라"고 하시며, "나는 부활이요 생명이니 나를 믿는 자는 죽어도 살겠고 무릇 살아서 나를 믿는 자는 영원히 죽지 아니하리니 이것을 네가 믿느냐"고 말씀함으로써 하나님의 아들 구세주이심과 내세와 구원의 길을 분명하게 제시해 주시고 있습니다. (요14:6 요11:25-26).

♣♣♣주 목 그러므로 ✪공자와 석가는 사람들의 생명을 구원하는 종교를 만들지 않았습니다. 우리들과 같이 창조주와 생의 진리를 찾던 한 ♣구도자(求道者)들이였을 뿐이며, 그 분들의 윤리 도덕적인 교훈과 얼마간의 인생철학적인 사상들을 나타냈을 뿐으로, 하나의 **철학사상**은 될 수 있을지언정 결코결코 인간들의 생명을 구원하는 종교는 될 수 없답니다.

♣그래서 사람들의 열심과 **성실**(誠實)로 성인(聖人)의 경지에 이르는 지혜와 지식은 얻을 수 있으나, 내세의 **영생**을 아는 영적 지식과 하나님을 알고 **경외**(敬畏, 두렵고 최고로 존경)하는 **신앙**과 하나님을 섬기는 **경건한** 종교심에는 이를 수 없답니다.

※ 유교, 불교를 포함한 인간들이 만든 세상종교들도;
나름대로 최상의 선(善)과 자비를 내세우고 있지만 이것만으로는 구원에 이를 수 없습니다. 누구나 초월할 수 없는 **죄**

(罪)의 문제를 해결하지 않고는 거룩하신 하나님 앞, 천국(天國)에 절대 나아갈 수 없기 때문입니다. (사59:1-2, 합1:13). 곧,

★★어느 장관이나 시장(市長)이, 아니 대통령이 최고의 선정과 공적이 있다 할지라도 죄가 있을 때에는 그 죄(罪)에 대한 심판을 면할 수 없는 것과 같다고 하겠습니다. 이것이 누구에게나 예수님의 십자가 대속(代贖)의 공로와 은혜가 꼭 필요한 이유입니다. "하나님이 죄를 알지도 못하신 이(예수)를 우리를 대신하여 죄(罪)로 삼으신 것은 우리로 하여금 그(예수 대속과 부활신앙) 안에서 하나님의 의(義)가 되게 하려 하심이라"(고후5:21). 아멘!   그래서 기독교 신앙은 세상 지혜나 지식 도덕 윤리를 초월하는 복음(福音)입니다. 그런데 세상 사람들은 항상 세상적인 지혜나 도덕 윤리적 표준에서 창조주 하나님을 판단하려 합니다.
그래서 하나님의 선하심을 바로 깨닫지 못하고 천하보다 귀한 자신과 가족의 생명을 구하지 못하는 우를 범하고 있답니다.

"여호와께서 말씀하시되 오라 우리가 서로 변론하자 너희의 죄가 주홍(朱紅) 같을지라도 눈과 같이 희어질 것이요 진홍(眞紅) 같이 붉을지라도 양털 같이 희게 되리라 너희가 즐겨 순종하면 땅의 아름다운 소산을 먹을 것이요 너희가 거절하여 배반하면 칼에 삼켜지리라 여호와의 입의 말씀이니라"(사1:18-20) 아멘!

☎ 특별 주목 ☎

본서의 각 장의 내용들을 철저히 ✔따져보듯 읽어 보세요. 그리고 "하나님 앞에서 사람의 말 듣는 것이 하나님 말씀을 듣는 것보다 옳은가 판단해 보라"고 하셨는데 (행4:19);
★★ 하나님의 성경 말씀들에 특별히✔주목하여 판단해 보실 수 있기 바랍니다.✔인생들을 향한 하나님의 선하신 뜻과 성경 전체/전반의 핵심 내용들을 깨달을 수 있을 것입니다.
"너희는 여호와의 선하심을 맛보와 알지어다"(시34:8). 아멘!

七. 성철 종정의 독백 (법어와 ♣열반송)

> 1993년 11월의 신문들은 온통 한 큰 스님, 이성철 종정(性徹宗正)의 죽음에 관한 기사들이었었습니다. 오래토록 입산수도 했으니 그의 생(生)의 진리를 알아보려는 호기 심이었었는데, 평생 입어서 헤어진 옷 같은 주변적인 내용들만을 부각시키며 평생 검소하게 살았으니 훌륭했다는 것이었습니다.

 그래서 좀 늦었지만 ♣그분이 평소 전해준 법어(法語)들과 열반 송(涅槃頌)을 통해 그분이 전해 주고자 했던 생(生)에 대한 진리를 함께 확인(確認)해 보고자 합니다.

(1) '山是山 水是水 (산은 산이요 물은 물이로다!)'

 이것은 1981년 1월 20일 조계종 종정으로 추대된 때 찾아간 취재진들에게 써서 준 그분의 ★★최초의 법어(法語)입니다.

 주 목 이 짤막한 한시(漢詩 /山是山 水是水)는, 변하지 않는 대 자연과 대 우주 앞에서 인간의 미미성과 연약성을 읊조린 것이라고 저는 생각됩니다. ♣산은 산이요 물은 물이로다! 곧, '산은 예나 지금이나 변하지 않고 우뚝 서 있고, 또 강물도 예나 지금이나 변함없이 유유히 흐르고 있는데 그 중에 사는 인생들은 제 아무리 잘 났다고 해도 얼마 있지 않아서 죽어 없어지고 말 인생들이니 잘난 체 하지 말고 자신들의 미미성(微微性), 곧 주제파악이나 하라'고 말하고 있는 것 같습니다.

 이것은 '인생은 무상하다'고 하며 인생의 허무를 곧잘 읊조리는 불교의 사상과도 일맥상통하고, 또한 대 우주와 그것을 창조하신 신(神) 곧 하나님 앞에서 인간의 미미 성(微微性)을 깨닫고는 『자신의 미미 성, 곧 무지함을 깨달은 자는 각자(覺者)라』고 했던 석가모니의 고백과도 같다고 생각되기 때문입니다

♣︎그런데 이렇게 변하지 않는 수려한 산하를 보며 시(詩)를 쓰고 또 찬탄을 아끼지 않으면서도 정작 그것들을 창조하신 창조주/神, 그 위대하신 하나님을 성철스님과 사람들은 어찌 발견할 수 없을까요?! (마13:13-17, ✔롬1:19-32).

이것을 성경은, "창세로부터 그의 보이지 아니하는 것들 곧 그의 영원하신 **능력(能力)과 신성(神性)**이 그가 만드신 만물에 분명히 보여 알려졌나니 그러므로 그들이 핑계하지 못 할지니라"(롬1:20). 즉 하나님께서는 하나님의 실재를 성경뿐 아니라, 우주의 큰 능력과 자연의 신비를 통해서도 계속 나타내 보여주고 있기에 하나님의 심판대 앞에 와서 하나님이 계심을 알지 못하였노라고 핑계하지 못할 것이라는 것입니다.

이것을 또 성경은, ♣︎"집마다 지은 이가 있으니 만물(萬物)을 지으신 이는 하나님이시라"(히3:4)고 하시며, 그러나 하나님께서는 "어리석은 자는 그 마음에 이르기를 하나님이 없다 하도다"(시14:1)라고 하셨습니다.

『주 하나님 지으신 모든 세계 내 마음 속에 그리어 볼 때, 하늘의 별 울려 퍼지는 뇌성 주님의 권능 우주에 찼네, 주님의 높고 위대하심을 내 영혼이 찬양하네! (찬79)』 "하늘이 하나님의 영광을 선포하고 궁창이 그의 손으로 하신 일을 나타내는도다"(시19:1). 아멘! ♣︎이런 감격과 고백들이 있어야 하지 않을까요?!

하나님께서는 "나는 천지에 충만하지 아니하냐"고 하시면서, "눈이 있어도 보지 못하며 귀가 있어도 듣지 못하는 백성을 이끌어 내라 /내가 어찌 **악인**(하나님을 알지 못하는 불신자 /렘2:19)들이 죽어/지옥 가는 것을 조금인들 기뻐하겠느냐"고 하십니다.(렘23:24, 사43:8 /겔18:23). 이렇게 하나님께서는 돌아와야 산다고 호소하고 있는데도 그 마음을 닫고 고집을 피우는 사람들은 지옥을 자초하는 어찌할 수 없는 강퍅한 인생들이라는 것입니다. (마25:41).

(2) 1987년 석탄일에 즈음한 ♣법어(法語)??

> **부처를 ⇨ 사탄** 『사탄이여 어서 오십시요 나는 당신을 존경하며 예배합니다. /당신은 원래 거룩한 부처님입니다. ♣/사탄과 부처란 허망한 거짓 이름일 뿐 본 모습은 추호도 다름이 없습니다. /사람들은 당신을 싫어하고 미워하지만 그것은 당신을 모르기 때문입니다』 (87/4/23. **조선 및 각 일간신문**)

★★불교의 수장(首長)이 왜 '부처를 ✔사탄이라'고 노골적으로 고백했을까요?! 이것은 영의 세계에서 볼 때, 하나님께서 주신 속죄와 구원의 그리스도교 이외의 세상 종교들은 모두가 사탄으로부터 유래되고 있음을 성경은 해설해 주고 있습니다. (출애굽기20:3-6, 요일4:3, 요일5:19, 요한복음14:30, 요8:44, 고후4:4)

(3) 93년 11월초, 그분의 마지막 ♣유언인 열반송?

> **죄는 ⇨ 지옥** 『한 평생 무수한 사람들을 속였으니 /그 죄업(罪業) 하늘에 가득 차 수미산보다 더하다. ♣/산채로 무간지옥(地獄)에 떨어져 그 한이 만 갈래이리 /한 덩이 붉은 해 푸른 산 위에 걸려 있다.(生平欺狂男女群/彌天罪業過須彌/活陷阿鼻恨萬端/一輪吐紅掛碧山) (93/11/9. **동아 및 각 일간신문**)

☞ 『28자(漢字) ♣열반 송에 일생(一生)을 담아!』

라는 기사 제목으로 동아일보와 일간신문들은 상기 열반송을 소개하였는데, 그분이 일생을 담아 고백하고 떠난 마지막 열반송, 곧 유언이니 ✔일생을 수행한 성철 스님의 전 해답이요 고백이라는 것이지요. 그래서 열반송은 죄 문제를 해결치 못해 무간지옥에 떨어져 간다는 한(恨) 섞인 고백이었답니다.

(4) 성철(性徹)스님의 핵심 고백은 무엇입니까?

석가이래로 불심(佛心)이 가장 투철했다던 성철스님이라고 극찬들을 하였는데, 평생 수도한 그분의 핵심이 무엇이었습니까? 법어(法語)? 사리(舍利)? 일생을 담아 고백하고 떠났다는 열반송(涅槃頌)이 아닙니까?! 예, 맞습니다.

그런데 ♣부처의 본 모습은 사탄이라고 하면서, 수미산보다 더한 죄(罪) 문제를 해결치 못하여 지옥(地獄)에 간다고 고백하며 떠났는데요! 이것이 '성철스님의 ✔핵심고백'이 아닙니까?!

이보다 얼마나 더 확실한 답을 원하십니까! 어느 누구든 예수님의 십자가 속죄공로 없이는 천국에 갈 수 없답니다.

"주 예수를 믿으라 그리하면 너와 네 집이 구원을 받으리라" (행16:31). 그리고 성철스님은 노년에 불교에는 진리가 없다고 하시면서 '내가 말한 것은 다 거짓말이다'라고 농담처럼 자주 말했다는 것입니다. **총명 있는 자들은 깨달을진저!**

(5) 사리♣(舍利)에 무슨 큰 의미가 있기에?!

성철스님의 유해를 화장하고는 사리를 찾기 위해서 타다 남은 뼈까지 쪼개보며(不敬의 극치?!) 4일씩이나 그 유해를 뒤졌다는 것도 이상하게 느껴졌지만, 또 그 사리를 미세한 것까지 110개나 수습했다고 무슨 큰 의미가 있는 것 같이 선전하면서 정작 그 사리의 의미에 대하여서는 아무런 설명도 없었습니다.

그리고 화장한 유해에서 나온 그 사리(돌들)에 그렇게 큰 의미를 부여할진대, 성철스님이 입적하고 난 후 얼마 되지 않아서 절에는 나가지도 않고 강원도 산골에서 평범하게 살다가 죽은 한 촌부의 유해에서는 400개가 넘는 큰 사리가 나왔다는 방송과 신문보도는 어떻게 설명하겠습니까?!

사람들에게서 흔히 나올 수 있는 그런 **사리**(舍利, 담석등/돌들)를 가지고 무슨 큰 의미나 도통, 구원의 증표인 양 떠드는 그런 일들은 좀 자제되어야 하지 않을까요? 영생과 생명이 걸린 문제들에 사람들을 혼란시키는 결과가 될 수 있기 때문입니다.

세상 성인들과 유명인들의 말과 불교 유교의 책들 속에도 성경 속에 나오는 좋은 말들과 명언들이 많이 들어 있는데 한가지 없는 것은 예수님이 없다는 것! **총명 있는 자들은 깨달을진저!**

<잠깐>**⑰ 성, 어거스틴**은, 유명한 그의 참회록에서 ★★
하나님께서는 당신을 위하여 우리를 창조하셨기에, 내가 하나님을 찾기 전까지는 나에게 안식(진정한 행복과 평화와 만족)이 없었나이다'라고 고백 했고, 또 철학자 **키에르케고르**는, 『사람이 속는 방식에는 두 가지가 있다. 그 하나는 사실이 아닌 것을 믿을 때이고, 다른 하나는 사실인 것을 믿으려고 하지 않을 때다』라 했고, 또 '믿기 어려운 것은 이해하기 어려워서가 아니라 순종하기 싫어서라'』고 하였는데, 그 마음에 하나님 두기를 싫어하는 이런 죄성(곧, 교만과 완고함과 강퍅함)은 없는지요?! "마음의 교만은 패망의 선봉이요 넘어짐의 앞잡이라"(잠18:12).

⑱ 창조주 하나님 앞에 절대 순복해야 할 피조된 인간들!! 여기서 우리가 꼭 기억해야할 것은 우리는 창조주 하나님의 권위와 존엄(尊嚴) 앞에 절대 순복하며 경외(敬畏/두렵고 떨림으로 존경)해야 할 피조물이라는 것입니다.

그래서♣기독교 신앙은 만유의 주이신 하나님은 항상 말씀(언약)하시고, 인간들은 믿음으로 순복하며 화답해야 한다는 이 피조물인 주재와 겸손(謙遜)을 절대 잊어서는 안 되겠습니다.

"이 사람아 네가 뉘기에 감히 하나님을 힐문하느뇨 지음을 받은 물건이 지은 자에게 어찌 나를 이같이 만들었느냐 말할 수 있겠느뇨 토기장이가 진흙 한 덩이로 하나는 귀히 쓸 그릇을, 하나는 천히 쓸 그릇을 만드는 권이 없느냐"(롬9:20-21). 사도 바울은 창조주와 피조물간의 관계를 이렇게 명료하게 비유해 주고 있습니다.

⑲ 여호와가 진짜 하나님, 예수님이 진짜 구주

①. **하나님**은, 우상과는 달리, 말씀으로 ❶**예언**(豫言)을 주시고는 그것들을 <u>인류 ❷역사(歷史)</u> 속에서 구체적으로 나타내 보여 주심으로써 인류 역사를 주관하시는 진짜 하나님이심을 입증해 주시고(<u>사40:21-24</u>),　②.**예수님**은 구속사가 증거해 주고 있습니다.

⑳ 우상 숭배란??

제사 지내며 잡신들과 세상 우상/헛것들을 믿고 섬기는 것뿐 아니라, 생명의 주이신 ★★**하나님보다 (세속적인 돈과 명예, 권세들을) 더욱 사랑**하며 그것들이 자기들을 살려 줄 구세주(하나님)로 믿고 의지하는 이 모든 것들을 포함합니다. "이는 세상에 있는 모든 것이 육신의 정욕과 안목의 정욕과 이생의 자랑이니 다 아버지께로 좇아 온 것이 아니요 세상으로 좇아 온 것이라 /그러므로 땅에 있는 지체를 죽이라 곧 음란과 부정과 사욕과 **악한 정욕과 탐심이니 탐심은 우상숭배니라**"(요일2:16/✔골3:5/지나친 자랑들과 정욕과 권세욕과 명예욕, 이 모든 것. 그래서 세상 사람들은 사탄이 주는 이 **욕심**의 종이 되어, 일평생 **탐심**을 따라 살다가 허무하게 후회하며 세상을 떠난답니다.

☀ 생명을 택합시다(신30:19) ☀

"하나님 앞에서 사람의 말 듣는 것이 하나님 말씀을 듣는 것보다 옳은가 판단해 보라"(<u>행4:19</u>)고 하였는데, ★★하나님(神) 말씀을 듣겠습니까? 사람들 말을 듣겠습니까? "주여! 영생(생명)의 말씀이 주께 있는데 우리가 누구에게로 가오리이까!"(<u>요6:68</u>). 아멘!

"한번 죽는 것은 정하신 것이요 그 후에는 심판이 있으리니(<u>히9:27</u>)" **금생은 선택의 기회로 허락되고 있다는, 인생 목적을 선언한 것!**

八. 종교를 바꾸라는 것이 아닙니다.

> 저는 지금 세상에서 흔히 말하는 종교를 바꾸라는 것이 아닙니다. 살 길, 곧 **참 생명구원의 길을 찾으라는 것**이지요.

　　불교, 유교를 포함해서 인간들이 만든 세상 종교가 많은데 이런 인간종교들은 절대 구원이 없습니다. 오직 유일하신 **참 하나님께서 세워주신 예수 그리스도를 통한 속죄(贖罪)와 구원의 길 (곧 기독교) 밖에는 구원이 없습니다.** 이것을 "다른 이로써는 구원을 얻을 수 없나니 천하 사람들 중에 구원을 받을 만한 **다른 이름**(예수님 이외에 공자나 석가)을 우리에게 주신 일이 없음이라"(행4:12)고 하셨습니다.　　**얼마나 분명합니까?**

> 그래서 **핵 심은** ⇨ ❶사람들이 만든 세상종교들과 ❷하나님이 세워 주신 구원의 참 길 (곧 기독교)를 **구별하는** ✔**지혜**입니다. 사람들이 만든 세상 종교들은 절대 구원이 없기 때문입니다.

　　왕년에 불교 유교가 아닌 가정이 몇이나 있습니까?! **영생(永生)** 할 생명은 너무도 귀하기에 바른 생명/천국의 길을 찾기 위해 이때까지의 소속감이나 체면도 탈피할 수 있어야 하겠습니다.

　　하나님께서는 "모태에서 너희를 조성하고 우주만물을 지은 나 여호와가 말하는데, ♣**돌이나 나무로 신상을 만들고 그 위에 금이나 은으로 입힌 새긴 우상 앞에 부복하며 나를 구원하라고 하는 자들은 망하리라**"고 성경 이곳저곳에서 말씀하시면서, **"사람의 손으로 만든 것들은 신이 아니라"**(행19:26)고 하셨습니다.

　　★★(다음 하나님 말씀으로 직접 확인해 보시기 바랍니다. ⇨
　　✔하박국2:18-20, 이사야44:10-20, 사도행전17:29-31, 시편135:15-18)
　　※※하나님의 형상(사람)이 어떻게 우상(귀신)에게 절을 합니까? 그래서 우상숭배는 하나님을 모독하는 큰 죄악이랍니다.

> 그래서 **결 론은;** ⇨인간들이 만든 세상종교에도 구원이 있는

줄 알고 안주(安住)하다가 ✔무간지옥(무저갱)에 떨어져 영원히 고통당하는 불쌍한 사람이 없기 바랍니다. 내세는 영생복락의 천국(天國)과 영벌고통의 지옥(地獄)만이 있기 때문입니다.

※ 당신과 당신 가족은 지금 ✔어느 편에 서 있습니까?

♣ 하나님과 예수님편이 아니면, 사탄과 지옥편이라고 합니다.

하나님께서는, "한번 죽는 것은 사람에게 정하신 것이요 그 후에는 심판이 있다(히9:27)고 하시고, 내가 생명과 사망, 복과 저주를 네 앞에 두었은즉 너와 네 자손이 살기 위하여 **생명을 택하라**"고 하시면서(신30:19-20), 지금 이생을 **선택(選擇)의 기회**로 허락하시고 있다고 하셨습니다. 아멘! (히9:27).

☎ **특별 주목** ☎ 나는 예수님을 믿기로 작심하고 가족들을 교회로 이끌어낸 6개월 후 아버님께서 예수님을 영접하고 소천하셨는데, ★★**만일 내가 6개월만 늦게 예수님을 믿었다면 저의 아버지는 어떻게 되었겠습니까?! 영벌(永罰)의 지옥(地獄)을 면할 수 없었을 것입니다.**

조만간 천국에 가면 '내가 너 때문에 천국에 왔다'고 기뻐하시며 자랑하실 아버지를 대면케 될 것입니다.(✔고후1:14). 아멘!

이것을 우리 ♣전 재산(全財産)과 바꾸겠습니까!!

나의 구원뿐 아니라 천하보다 귀한 가족들의 영원한 생명 구원을 위해 내가 먼저 믿어야 한답니다. "주 예수를 믿으라 그리하면 너와 네 집이 구원을 받으리라" (행16:31). 아멘!

"한번 죽는 것은 사람에게 정하신 것이요 그 후에는 심판(審判)이 있다"(히9:27)고 하셨는데, 죽어서 심판의 하나님을 만나지 말고, 살아서 은혜와 사랑의 하나님을 만나시기 바랍니다. "너희 섬길 자를 오늘 택하라 오직 나와 내 집은 하나님을 섬기겠노라"(수24:15).아멘!

목사님과 교인들도 잘못하는 경우가 많든데요?!

예 맞습니다. 인간들, 곧 부족한 인간목사 인간장로들까지도 실수하거나 잘못될 수 있고 또 사이비 가짜도 생기고 있습니다.

그러나 ♣그 교회 안에 계신 하나님과 하나님 말씀은 절대(絶對) 선하시고 절대 의롭고 절대 진실한 진리입니다. 그런 하나님과 하나님 말씀을 보고 교회에 나오시라는 것이지요.

말세 황금만능의 세태(世態) 속에 종교인들의 타락도 두드러지고 있는데, ★★잘못될 수도 있는 인간 목사와 인간 장로들, 그리고 아직 성화되지 못한 '겨우 용서받은 죄인으로 부족함이 많은 교인(사람)들'을 보지 말고 그 교회 안에 살아계시며 완전하신 하나님과 말씀을 보고 교회에 나오시라는 것입니다.(딤전3:15).

그리고 교회 안에는 아직도 ♣똥오줌을 가리지 못하는 어린 아기와 같은 **부족한 초 신자들**도 많지만 분명한 것은 그들도 예수님의 대속(代贖)의 은혜로 천국 구원의 약속 안에 들어 선 하나님의 자녀들이라는 것입니다. "영접하는 자 곧 그 이름을 **믿는 자들에게는 하나님의 ✔자녀가 되는 권세를** 주셨으니"(요1:12)

그래서 예수님께서는, "내가 의인을 부르러 온 것이 아니요 죄인을 불러 회개시키러 왔노라"(눅5:32)고 하셨습니다. 아멘!

(P.115, '선행이 아닌, ✔믿음을 왜 의롭다 하며 구원해 줄까?' 참조)

♣♣천주교 성직자 중

4월 초파일 석가탄신일 때마다 『**석가 탄신을 축하 합니다**』라는 축전을 공개적으로 보내고 있는데, 이는 불교신자들뿐 아니라, 잘 모르는 일반인들과 신앙이 약한 기독신자들까지도 불교 등 세상종교에도 기독교와 동일하게 구원이 있는 줄 착각하고 실족할 위험이 많기에, 성경에서는 이런 행위를 엄히 금하고 있습니다. (고후6:14-16, 마18:6-7).

이런 행위가 아량 있는 성직자라는 세인들의 칭찬은 들을 수 있을지 모르나 생명의 길을 오도하는 큰 잘못을 범할 수 있기에 아량이나 융화 이전에 생사가 걸린 문제임을 꼭 알아야 한답니다.

그래서 예수님께서 "저희는 사람의 영광을 하나님의 영광보다 더 사랑하는 자들이라 /누구든지 나를 믿는 이 소자 중 하나를 실족케 하면 차라리 연자 맷돌을 그 목에 달리우고 깊은 바다에 빠뜨리우는 것이 나으니라"(요12:43 /마18:6)고 하셨고,　　또 사도 바울은 "하나님을 제쳐놓고 사람들만을 기쁘게 하는 자들은 그리스도의 종이 아니라"고 분명하게 말씀 하셨습니다. (갈1:10).

♣불교 유교를 포함해서, 다른 종교에도 구원이 있을 수 있다는 **범신론적, 종교 다원주의와 종교통합 일치운동(WCC)은;** 오직 **예수님의 속죄**를 통해서만 구원이 있다는 **성경의 핵심 중 핵심인 오직 예수 신앙**을 부정하는 절대 잘못된 신앙들입니다. "예수께서 이르시되 내가 곧 길이요 진리요 생명이니 나로 말미암지 않고는 아버지께로(천국에) 올 자가 없느니라"(요14:6)고 하셨고, 또 성경에 "예수님 외에 구원을 받을만한 다른 이름(**석가나 공자, 모하메드**)을 주신 일이 없다고 하시며,✔예수를 시인하지 않는 영마다 하나님께 속한 것이 아니요 적그리스도의 영, 곧 사탄의 영들이라"고 분명하게 말씀해 주시고 있습니다. **이보다 얼마나 더 확실합니까!!** "다른 복음을 전하면 ♣저주를 받을지어다"(갈1:8) **아멘!**

㉑ 내 마음과 내 생각을 내 자신이 알고 있는 것보다 100배도 더 깊이 알고 계신 전지전능하신 하나님!!

"만물보다 거짓되고 심히 부패한 것은 사람의 마음이라 누가 능히 이를 알리요 마는 나 여호와는 ♣**심장**을 살피며 폐부를 시험하고 그 행위와 행실대로 보응하나니"(렘17:9-10). 곧 우리들의 심장과 뇌조직과 온 몸을 창조하신 하나님께서는 우리들의 ✔생각과 마음뿐 아니라 온 몸의 뼈 속, 모든 사상과 흑심까지도 다 알고 계신답니다 "사람의 영혼은 여호와의 등불이라 사람의 깊은 속을 살피느니라 /사람의 행위가 자기 보기에는 정직하여도 여호와는 심령을 감찰하시느니라" ★★**그래서 평소 우리가 우리 자신들을 알고 있는 것보다 100배도 더 깊이 우리를 알고 계신다는 것을 꼭 기억해야 하겠습니다. 하나님은 우주만물을 창조하시고 우주를 운행하고 계신 전지전능하신 창조주이시기에 "미리 아신자"로(✔롬11:2) 모르는 것이 하나도 없답니다.**

"여호와의 눈은 온 땅을 두루 감찰하사 전심으로 자기를 향하는 자들을 위하여 능력을 베푸시나니 /네가 말하기를 나는 그것을 알지 못하였노라 할지라도 마음을 저울질 하시는 이가 어찌 통찰하지 못하겠으며…그가 각 사람의 행위대로 보응하신다"(대하16:9 /잠24:12).

㉒ 기적을 이루는 성공적 신앙은?
성경에 "내가 보는 것은 사람과 같지 아니하니 사람은 외모를 보거니와 나 여호와는 중심(中心)을 보느니라"(✔삼상16:7)고 하시며 목동 다윗을 왕으로 택하시고는 성경 역사상 가장 큰 일을 이루신 하나님은, ♣탐심 없이, 하나님께 중심을 바쳐 충성(✔렘17:9-10)하는 사람들을 쓰시고 기적을 이루신답니다. 그래서 심장을 살피시는 하나님 앞에서, 우리도 항상 충심으로 전심을 다해야 하겠습니다.

㉓ 선교사 소명과 성령의 이끄심으로 선교를 이룸!!

국제 상선승무 중(42만톤 초대형 자동화 美유조선/ULCC 기관장/장로가) 중국 연변 해양 대 교수겸 부학장 초빙에, 갑자기 전문인선교사의 소명을 받고 본 전도책자를 통한 중국어, 일본어, 한국어 문서전도를 35년 동안 300만부 이상 공급하며 선교해 오고 있는데, 그것은 신학도 하지 않은 제가 한 것이 아니요, 성령님께서 이끌어 주셨음을 고백하지 않을 수 없답니다.(마10:20, ✔고전2:4-5). 그 근거는 ★★ ①."세상에 나가 제사를 삼아 천국복음을 가르쳐 지키게 하라 볼지어다 내가 세상 끝날까지 너희와 항상 함께 있으리라"(✔마28:18-20)는; 예수님의 이 천국복음전파 지상명령에, 또 평생 함께 하시겠다는 보배롭고 지극히 큰 이 약속을 나는 항상 굳게 잡고(✔벧후1:4), ②.우리의 폐부와 마음까지 다 보시고 계신 전지전능하신 하나님 앞에 매일 겸비하고 자신을 돌아보며(렘17:9-10), ③.**하나님을 경외**(두렵고 떨림으로 최고로 존경)하는 마음 가운데, 계속 나의 중심을 하나님께 집중하며 최선을 다 하였을 때(삼상16:7), 성령님께서는 나를 이끌어 선교를 가능하게 동행하여 주셨답니다. 아멘! 아멘!!

★★"내가 너를 세웠음(곧 택하였음)은 나의 능력을 네게 보이고 내 이름이 온 천하에 전파되게 하려 하였음이라 /진실로 내가 네게 **장가들**(곧 동행하)리니 내가 여호와 인줄 네가 알리라"(출9:16 /호2:20)

九. 복(福)? 하나님은 생명과 복의 근원

> 하나님은 생명과 복의 근원이십니다. 그래서 예수님을 잘 믿고 하나님 **말씀에 순종**해서 사는 사람들에게는 생명의 구원뿐 아니라 금생의 모-든 **복(福)**까지 약속하시고 있습니다.

1. 하나님 말씀에 **순종**해서 사는 자에게 약속된 복(福)

"네가 네 하나님 여호와(곧 약속, 언약의 하나님)의 말씀을 삼가 듣고…**말씀에** ♣**순종**(順從)하면 이 모-든 복(福)이 네게 임하며 네게 이르리니 성읍에서도 복(福)을 받고 들에서도 복(福)을 받을 것이며, 네 몸의 자녀와 네 토지의 소산과 네 짐승의 새끼와 네 소와 양의 새끼가 복(福)을 받을 것이며, 네 광주리와 떡 반죽 그릇이 복(福)을 받을 것이며 네가 들어와도 복(福)을 받고 나가도 복(福)을 받을 것이니라…여호와께서 너를 위하여 하늘의 보고(寶庫)를 열으사 네 땅에 때를 따라 비를 내리시고 *네 손으로 하는 모-든 일에 복(福)을 내리시고 네가 많은 민족에게 꾸어줄지라도 너는 꾸지 아니할 것이요"(신28:1-12). 아멘!

이 얼마나 구체적이고 자신에 찬 창조주다운 선언이십니까! 예수님을 믿고 하나님의 말씀에 순종(順從)하는 삶으로 구원도 받고 만복(萬福)을 누리며 사시기 바랍니다.

하나님께서는, 나는 생명과 복의 근원이라고 하시면서 "그(아담)에게 복(福)을 주시며 이르시되 생육하고 번성하여 땅에 충만하라"고 축복하시고, 그 후 노아에게도 같은 말씀으로 축복하여 주셨으며, 믿음의 조상 아브라함에게도 "내가 반드시 복(福)주고 복주며 번성케 하고 번성케 하리라"(히6:14)고 거듭거듭 말씀 /약속하시고는 그 복(福)을 그 자존들에게까지 주심으로써 하나님이 복(福)의 근원(根源)되심을 입증해 주시고 있습니다.

2. 예수님을 믿으면 아래와 같은 복(福)을 받습니다.
(예수님의 ✔8복 설교를 중심으로 복의 개념과 중요도를 확인해 봅시다)

그 **첫 번째**가 **영(靈)의 갈증, 곧✔심령이 가난한 자**는; 세상적인 부나 명예 그 어떤 것으로도 만족할 수 없고 결국 하나님을 찾게 될 것이니 영생복락의 ❶**생명의 복과 천당 복**(福)이요.(마5:3).

그 **두 번째**는 **죄를 애통히 여기고 회개하며 믿는 자들에게는**, 하나님의 성령을 통해서 그 마음 가운데 초 자연적으로 주시는 지각에 뛰어난 ❷**위로와 평강의 복**(福)이며 (마5:4+빌4;7),

그 **세 번째**는 하나님의 말씀에 **순종**해서 사는 **온유한 자**에게 땅을 기업으로 차지하는 ❸**생활의 축복**(祝福)이라고 하셨습니다. (✔마5:5, 신28:1-12).

사람들은 돈 많이 벌고 부자가 되는 것을 복 받는 대명사처럼 인식하고 있으나, **예수님께서는 산상수훈으로 여덟 가지 복을 말씀하실 때**, 물질적인 복 이전에 생명 구원과 마음의 평강의 복이 앞서야 함을 말씀하시고 있습니다.(마5:1-10).

죽음에 대한 공포에서 벗어나지 못하고 마음의 평강이 없이는 어떠한 물질적인 부(富)도 진정한 행복을 가져올 수 없기 때문입니다. 그러므로 ♣예수님을 믿으므로 먼저 생명구원의 천당복과 위로와 평강의 복을 받으라는 것이지요. (이상 마태복음 5~7장 /예수님의 8복, 산상설교에서 인용함).

3. "예수님 믿고 복(福)받으십시오!"라고 하면 기복신앙이라고들 하는데, 그것은 돈이나 많이 벌고 자식들이 잘되는 금생의 부귀영화만을 복 받는 것이라 생각하는 한국인들의 **고정관렴의 문제이며**, 또 그런 기복에 치우치는 신앙들이 문제랍니다.

왜냐하면, **하나님은 우주만물의 창조주로** ✔**생명과 복의 근원**이시며, 그래서 ♣**예수님을 믿기만 하면** 우리가 바라는 가장 크고 근본적인 상기 **첫 번째 영생의 천당 복**과, **두 번째 위로와 평강의 복**이 보장되고, 또 신앙생활을 착실히 하다보면 **세 번째 온유한 자**(곧 **말씀에 순종 잘하는 자**)들의 복인 자손들이 잘되고 생활의 축복도 넘쳐나게 된다는 예수님의✔8복 설교(마5:3-5)와, 잠언22:4말씀과, 신28:1-14절의 구체적인 하나님의 복(福)들이 ✔약속되어 있기 때문입니다. 그러므로 '새해 복 많이 받으라'는 형식적인 헛 인사 대신에, ★★**'생명과 복의 근원이신 하나님께서 당신에게 복 주시기를 기원합시다!'**라고 인사합시다.

"복 있는 사람은 악인의 꾀를 따르지 아니하며 죄인의 길에 서지 아니하며 오만한 자들의 자리에 앉지 아니하고 오직 여호와의 율법을 즐거워하여 그의 율법을 주야로 묵상하는도다 그는 시냇가에 심은 나무가 철을 따라 열매를 맺으며 그 잎사귀가 마르지 아니함 같으니 그가 하는 모든 일이 다 형통하리로다"(시1:1-3). 아멘!

(본서 P. 120 ⇨ '복 받는 신앙과 성공의 핵심 항목들' 참조)

"**(평소 열심히 신앙생활을 하며 충성하던) 야베스**가 이스라엘 하나님께 아뢰어 이르되 주께서 내게 복(福)을 주시려거든 나의 지역을 넓히시고 주의 손으로 나를 도우사 나로 환난을 벗어나 근심이 없게 하옵소서 하였더니 하나님이 그가 구하는 것을 허락하셨더라"(대상4:10)고 고백하고 있습니다. ★평소 하나님께 중심을 둔 성실한 신앙생활로 **야베스의 축복**을 받을 수 있기 바랍니다. 아멘!!

4. 가족과 자녀들의 안위(安慰)와 성공을 위해 매일 기도합시다.

요사이 자녀들과 남편, 가족들을 학교나 일터, 또는 외국에 보내 놓고, 또 ★★**탈북 민들도 북에 두고 온 가족들을 걱정**하며 사는 분들이 많은데, 그 걱정 근심하는 시간에 생명과 복의 근원이신 하나님께 매일 기도하며 사는 지혜를 잃지 않기 바랍니다._____**왜냐하면;**

★★한국에서 기도해도 지금도 지구를 돌리시며 그 권능이 우주에 충만하신 하나님께서는 외국에 나가 있는 자녀들과 ♣ **북한의 가족들**까지 ✔보호하시며 인도하여 주신답니다. 그리고 자신에게는 걱정과 근심 대신에 지각을 초월하는 하나님의 평강이 우리들의 마음을 지켜 주신다는 복음 입니다. (빌4:6-7,요14:27).

성경에 의인(곧 믿는 자들)의 간구와 기도하는 자식은 걸식하거나 망하지 않는다고 하였습니다(시37:25). **또** "자식들은 하나님의 주신 기업이요 태의 열매는 하나님의 상급이 되리라"(시127:3)고 하셨고, 자녀들에게 부모님들만큼 영향을 줄 수 있는 사람은 없는데 "주의 교훈과 훈계로 양육함으로"(엡6:4) 자손 천대까지 축복을 받고(출20:6), 천국의 상급(賞給)까지 받는 부모님들이 다 되시기를 바랍니다. 그리고 ♣교회에서는 세상이나 학교에서 다하지 못하는 인성교육(人性敎育)과 교화(敎化)도 10배도 더 잘해 주고 있기에 남편이나 아내, 특별히 자녀들이 얼마나 밝고 바르게 자라며 변하는지 모릅니다(단1:20). 그래서 '백범 김구선생께서도 경찰서 10개보다 교회 1개가 더 필요하다'고 했답니다. 그래서

★★'세상을 변화시키는 것은 위대한 사람이 아니라 위대한 하나님께 붙들린 약한 사람들이라'(고1:27,신7:7)고 하였는데, 여러분은 위대한 일을 하며 위대한 자녀와 가정을 만들고 싶지 않습니까? 위대한 하나님께 붙들린 사람들이 다 되시기를 바랍니다.

★성경에 보면, 삼갈이라는 사사는; 성서에 한줄 밖에 기록되지 않은 보잘 것 없는 사람이었지만 하나님의 능력의 손 지팡이에 붙들린 자가 되어 적군 600명을 물리치고 자국을 구원하는 자가 되었고(삿3:31), 또 홍해를 가른 모세의 지팡이와 같은 하나님의 능력을 우리도 받을 수 있답니다. '위대하신 하나님만을 찬양할지어다!!'

"너는 나 외에 다른 신들을 네게 있게 말지니라"고 하신 하나님께서는 자기 창조주도 모르고 ♣점(占)을 치며 굿을 하고 부적에 의탁하는 등 우상 숭배 가문은, 자손 ✔삼사 대까지 망하는 **가계 저주가 대물림된다**고 하셨습니다. (출20:3-6, 레26:39, 신5:9-10). **"주의 은혜로 종의 집이 영원히 복을 받게 하옵소서!"**(삼하7:29).

十. 법정(法頂)스님의 '나는 누구인가?'

「네 자신(네 주제)을 알라」고 외쳤던 성현 **소크라테스**는 말년에도 『내가 분명히 알고 있는 것은 내가 모른다는 사실이다』라고 강조함으로서 끝까지 인간의 미미 성과 무지(無知)함을 고백하고 떠났는데, 평생 수행을 하며 45권의 수필, 산문집을 발표한 ★★**법정스님**의 '나는 누구인가?'라는 근원적인 물음에서는 어떤 해답(解答)을 주고 떠났을까요??

 2010년 3월 11일 길상사(寺)에서 향년 78세로 임종한, (**성철/性徹** 스님에 이은), 불교계의 또 다른 고명한 **법정(法頂)**스님의; '무소유(無所有)' '아름다운 마무리'란 ✔산문집에서 그분의 『아름다운 마무리는, 근원적인 물음 곧 **'나는 누구인가?'**하고 묻는 것이다. 삶의 순간순간마다 '나는 어디로 가고 있는 것인가?' 하는 물음에서 그때그때 마무리가 이뤄진다 그 물음은 본래 모습 (곧 **자신이 정한 인생철학?1**)을 잃지 않는 **중요한 자각이다**」라고 이야기하고 있는 것이지요. 그리고 또 『'**일기일회(一期一會)**'라는 산문집에서는 이 세상 밖 어딘가에 천국(天國)이 있다고 우리는 흔히 믿고 있지만, 바로 이 현실 세계에서 천국을 이룰 수 있지 현실을 떠나서는 어떤 것도 존재하지 않는다』라고 말하고 있습니다. (**2010 /3 /22**. 'Focus' 신문에서)

♣♣그렇다면 불교계에서 주장해 온 내세극락(來世極樂)과 극락왕생도 다 허구(虛構)임을 스스로 인정하고 있는 것이 아닙니까?!

 하나님께서 내세, 천국과 지옥이 있다는데 누가 없다고 단정할 수 있겠습니까? 그래서 성경은, "어떤 길은 사람이 보기에 바르나 필경은 사망(지옥)의 길이니라"(잠14:12)고 하셨고, 또 "누가 철학과 헛된 속임수로 너희를 노략할까 주의하라 이것이 사람의 전통과 세상의 초등학문을 따름이요 **진리이신 그리스도(구세주 예수)**를 따름이 아니니라"고 말씀해 주시고 있습니다.(골2:8, 요14:6).

불교계를 대표하며 유명했다는 법정스님도, 성철스님과 마찬가지로 검소한 삶을 보인 점 등 그분들의 생활철학은 귀한 본보기였지만, 그러나 인생의 근본문제인 생명구원과 영생의 **내세문제는 물론, '나는 누구인가?'**라는 자기 질문에 대한 해답도 '중요한 자각(自覺)이라'는 모호한 자기표현만을 남기고 떠났는데, 중생들은 어디 가서 내세 구원의 길을 찾을 수 있단 말입니까?!

그러나 ✔성경에 분명한 하나님의 해답이 있습니다. "하나님이 세상을(**당신을, 성철스님과 법정스님을**) 이처럼 사랑하사 독생자(예수)를 주셨으니 이는 그(예수)를 믿는 자마다 멸망하지 않고 영생(永生)을 얻게 하려 하심이라" 아멘! (**요3:16**✔**성경 요절**).

"주 예수를 믿으라 그리하면 너와 네 집이 구원을 받으리라, 그러나 네가 만일 네 하나님 여호와를 잊어버리고 ✔**다른 신(다른 종교, 우상**)들을 따라 그들을 섬기며 그들에게 절하면 내가 너희에게 증거하노니 너희가 정녕 망할 (**지옥 갈**) 것이라"(행16:31, 신8:19) 하시며 금생을 ✔**선택(選擇)**의 기회로 허락하시고, 사후에는 심판 /곧 내세와 영생이 있다고 하십니다. (신30:19, 히9:27).

주 목 한국의 불교계를 대표하는 이 두 분의 마지막 고백(유언과 열반송)을 살펴보면 구원에 대한 소망 대신에 '죄 문제를 해결치 못해 산채로 무간지옥에 떨어져 간다' '천국은 없다'는 등 오히려 내세 구원을 부인하고 떠났는데, 이는 아무리 도를 많이 닦고 또 평생 참선과 수행을 거듭해도 하나님의 계시(啓示)인 ✔내주하시는 성령님의 도움과 조명(照明)이 없이는 사람들의 머리(자각)만으로는 신의 영역인 내세와 구원의 진리를 절대 알 수 없고, 또 믿어지지도 않는 답니다.(슥4:6, 갈1:12). 그래서 세상 종교만으로는 죄 문제를 절대 해결치 못하며, 구원의 해답도 없답니다.

그렇다면 도대체 ♣♣ '나는 누구인가?' 역으로 나의 정체성과 구원의 문제를 확인해 봅니다;

『우리 모두는 원래 하나님이 창조한, 하나님의 생명을 받고 태어난 자들입니다(창2:7). 그러나 죄로 말미암아 마귀의 종이 되었고(사50:1, 벧후2:19, 롬6:16), 사망 곧 영벌의 지옥에 떨어질 수밖에 없는 죄인들이 다 되었는데; ★★≪**나는 죄를 회개(悔改)하며, 하나님의 아들 예수님의 십자가 대속(代贖)과 부활(復活)권능을 믿고 나의 구주로 영접함으로**≫;

❶ 모든 죄에서 사함을 받고, 하나님으로부터 **의롭다 함**, 곧 사죄(赦罪)와 칭의(稱義)의 판정을 받았으며(롬3:22-24), ❷영생 복락의 천국을 상속할 **하나님의 자녀, 친 천국 백성**이 되었고(요1:12, 빌3:20), 또 ❸우리 안에 **성령님**이 들어 오셔서(고전6:19) 천국과 구주 예수님을 알고 믿게 하시며(요14:26), ❹사탄 마귀들을 대적하고, '여러분들의 죄 값을 예수님이 십자가에서 다 청산하고 속량하여 구원의 길이 열렸다'(요19:30)라는 천국 복음을 온 천하에 전해 주는 **천국 대사, 왕 같은 제사장**이 되었습니다.(고후5:20, 벧전2:9)』 얼마나 확실하며 황홀한 호칭입니까!!

★★이것이 나의 정체성이요 예수 믿는 자들의 자화상이랍니다

또 기독교인들의 신앙의 연조와 성화와 성령 충만의 정도에 따라 차이는 있지만, 생명의 성령의 법으로 항상 자유 함이 넘치고(롬8:1-2), 그 마음에 평안과 기쁨이 충만하며(요8:32, 롬14:17), 그 배에서는 **생수(生水)의 강**이 넘쳐나는 인생이 되었습니다(요7:38). 이런 구원과 생명과 은혜의 삶을 어찌 가볍게 여기겠습니까?!

그래서 우리는 찬송합니다. '우리 확실한 약속의 말씀 듣고 주만 믿으면 구원을 얻으리라 할렐루야 할렐루야 내가 예수를 믿어 그의 흘리신 피로 내 죄 씻었네 할렐루야 아멘!(찬267장)' 또한 성경은 "너희는 하나님으로부터 나서 그리스도 예수 안에 있고 예수는 하나님으로부터 나와서 우리에게 지혜와 의로움과 거룩함과 구속(救贖)함이 되었다"고 하며, "여호와를 경외(敬畏/두려움과 떨림으로 최고로 존경)하는 것이 지혜의 근본이요 거룩한 자를 아는 것이 명철이니라"고 하였습니다(고전1:30/잠9:10).

그래서 ♣인간의 생명과 지혜와 명철의 근원이신 하나님을 알지 못하고는 내가 누구인지 절대 알 수 없고, 또 '나는 누구인가'라는 인간의 근본문제를 알지 못하고는 인간의 생명과 구원

진리는 더욱 알 수 없답니다. 그러면 ★★ '나는 누구인가??' 죄 중에 죽어 지옥갈 수밖에 없었던 나는 '**예수 (십자가 구속과 부활신앙)**˝**안**에서, 하나님의 은혜(공짜)로 ①**의인(義人)이요**, ② **하나님 자녀(子女)**, ③**친 천국 백성(百姓)**'이 되었습니다(고후 5:17). 할렐루야!! ✔**총명 있는 자들은 깨달을진저!!**

자각(自覺), 스스로 깨달음을 추구하는 불교는 철학사상
석가의✔깨달음/자각은=소크라테스의 깨달음/고백과 일치, 곧

❶ 대 우주 가운데서 인간의 미미성과 무지를 '깨닫는 자는 깨달은 자 곧 **각자(覺者)라**'고 했던 **석가모니의 깨달음(自覺)**은;

❷ '네 자신(네 주제, 인간의 무지와 미미함)을 알라'고 외쳤던 철학자 **소크라테스의 교훈**(곧, 自覺 /깨달음)과도 같은 의미로, **불교의 사상**은 철학의 범주를 벗어나지 못하며, 곧 **철학**이랍니다.

그래서♣♣♣**불교는 수행(곧 사색/묵상)하는 한 삶의 형태로**, 마음을 비우고 참선(묵상)하라고 하나, 평생 참선해서 스스로 깨달음을 추구했던 성철스님과 법정스님은 인간적인 수양과 사색과 철학의 한계를 벗어나지 못하고 내세 구원에 대한 해답을 주지 못하였지요. 그래서✔불교는 영생 /생명 구원을 찾는 종교가 아니며, 처음부터 참선(**參禪**)이란 이름으로 어떻게 하면 수양 /수행을 통해 마음의 평안(平安)을 구할 수 있을까 하는데 서부터 시작해서 도통의 경지 곧 열반, 부처가 된다고 하나, 그것도 인위적인 수양의 한계를 벗어나지 못하고 지속적인 평안도 구원의 해답도 얻지 못한 채 생을 마감한 앞의 성철, 법정, 두 스님의 고백이 그것들을 입증해 주고 있습니다. **그래서**

♣♣♣❶**영생천국 구원과**, ❷**지각을 초월하는 평강과 기쁨을 주는 종교는 성령을 통해 주시는 기독교 밖에는 없습니다.**

성경(고전12:3)에, "**성령(聖靈)**의 은혜가 아니고는 누구든지 예수님이 구세주이심을 알 수 없다"고 하셨는데, 불교를 포함한 세상종교들도 수양과 교훈, 인고와 의지로서 선과 경건의 모양은 낼 수 있으나, ♣성령의 영감으로만 비침과 위로를 받는 내세 천국을 아는 지식과 믿음과 평안은 절대 가질 수 없답니다. 사람의 노력과 지식과 사색(思索)만으로 신(神/영)의 세계를 알 수 없고 평안을 받을 수 없기 때문입니다.(고전2:14, 슥4:6, 요14:27).

그래서 ♣배우지 못한 겸손한 촌부들이 믿어지는 천국 복음을, 자만하는 지식인 대학교수들이 혼미에 빠지며 깨닫지 못하는 현상도 생기고 있답니다.(롬1:19-32, 고후4:4). 그러므로 종교적 경건(敬虔)의 모양만 있고 그 실속/구원이 없는 세상종교와 신앙들에 특별히 주의하라고 경고해 주시고 있습니다. (딤후3:5).

그리고 악한 마귀들은 사람들로 하여금 거짓과 불안과 혼미로 충동질하여 평안이 지속될 수 없게 만드는 반면(대상21:1), ♣의와 평강과 희락의 주이신 성령님은, 믿는 자들에게 세상이 줄 수 없는 ★지각(知覺)을 초월하는 지속적인 평안과 기쁨과 사랑과 소망의 생수(生水)로 채워주시고 있답니다.(빌4:6-7, 요14:27, 요7:38). 그래서 ✔하나님을 경외하면 경외할수록 힘드는 것이 아니라 더욱 기쁘고 자유함이 넘친답니다. **총명 있는 자들은 깨달을진저!!**

★★생명의 주이신 하나님만이 평안을 줄 수 있습니다.

"너희는 고하며 진술하고 또 피차 상의하여 보라 이 일을 전부터 보인자가 누구냐 예로부터 고한 자가 누구냐 나 여호와가 아니냐 나 외에 다른 신이 없나니 나는 공의를 행하며 구원을 베푸는 하나님이라 나 외에 다른 이가 없느니라 ✔땅 끝의 모든 백성아 나를 앙망하라 그리하면 구원을 얻으리라 나는 하나님이라 다른 이가 없음이니라" 아멘! (사45:21-22). 할렐루야!!

※ 기독교가 독선적(獨善的)이고 편파적입니까?!

지옥의 함정과 천국 구원의 길을 알려 주는 것이 독선적입니까? 어떤 사람은 기독교가 타종교들에 대하여 편파적이고 배타적이라고 하는데 배타적이 아니라 구원의 진리 그 자체이지요. 살길은 이것뿐인데 다른 것도 진리라고 어떻게 말할 수 있습니까? 더구나 생명(영생 천국과 영벌 지옥)이 걸린 문제인데요!!

♣하나님은 홀로 선하신 분, '독선(獨善)' 그 자체이십니다.

성경에 "사람은 다 거짓되되 오직 하나님은 참되시다 할지어다"(롬3:4)라고 하였는데, ✔ 하나님은 극히 선하시고 극히 의로우신 정도가 아니라, ★★절대(絶對) 선(善)하시고 절대 의(義)로우신 분이시기에 인간들이 만든 세상 종교들과 비교가 될 수 없는 홀로 선하시며 홀로 의로우신 분, 독선(獨善) 그 자체이십니다. 홀로 의로우시며 선하신 신(神), 독선(獨善) 창조주이시기에 우리는 하나님을 믿고 섬기는 하나님 교회에 나와 절대 선과 의(義)이신 그분의 말씀을 듣고 영생천국의 길을 찾으시라는 것이지요.

그런데 생명(영생 천국과, 영벌 지옥)이 걸린 문제를 종교의 편향이니, 독선이라는 한 두 마디 말로 입을 막으며 얼버무리고 말겠습니까? 생명의 길을 오도하는 것은 가장 큰 죄악이랍니다. 그래서 기독교는 종교를 넘어 생명(生命) 그 자체, 참 진리입니다.

★★ 이제 당신은 어느 편을 택하겠습니까?
하나님의 말씀과 세상??

아담은 하나님의 말씀/약속 대신에, 먹음직도 하고 보암직도 하며 지혜롭게 할 만큼 보기에 탐스러운 선악과; 곧 세상적인 것들을 택하고, 말씀과 언약에 자유의지로서 불순종함으로(창3:6), 죄와 저주와 사망을 자초했음을 상기하며, 구세주로 오신 예수님을 택하고 하나님의 말씀에 순종해서 사는 지혜와 결심이 있으시기 바랍니다.

"너희가 섬길 자를 오늘 택하라 오직 나와 내 집은 하나님을 섬기겠노라" (수24:15). 아멘! 아멘!! 할렐루야!!

★★지옥 문전의 '생각하는 사람' 조각상?!

지금 천국으로 가는 예수님 복음의 다리가 놓여 있습니다. < 발가락의 힘줄까지 온 근육이 긴장된 것을 보며 지옥문 앞의 고뇌가 아니냐는 것입니다> 지옥문 앞에 가면 너무 늦습니다. 빨리 회개하고 예수님께 나아가십시오!!
'한 방울의 물을 갈망하는 < 무간 지옥에 떨어져 그 한이 만갈래이리?! > 아멘!

十一. 인생들이 꼭 구해야 할 두 가지 해답 (生과 死)

《 ☜ 본서/본 책자의 ★핵심 》

1. 우리는 왜 태어났을까요 ?? / ⊙生?

♣<'목적이 이끄는 삶'과 같이, 연역/귀납적 신앙 논증>

> 저는 사람들에게 가끔 이런 질문을 던져 봅니다.
> "우리는 왜 태어난 것입니까?"
> "지금 당신은 무엇을 위해 살아가고 있습니까?"
> 인생의 목적(目的)을 물어보는 것이지요.

 그런데「부모님이 낳아 주셔서 생명이 있으니까 그저 사는 데까지 사는 것이 아니냐?」라는 일반적인 대답 외에는 많은 사람들이 뚜렷한 자기 해답을 가지고 있지 못했습니다.

 그러면 우리 인생에서 가장 중요한 것, 자기가 지금 왜 살고 있는지 조차도 모르고 살아가고 있다는 모순이 아니겠습니까?

 그렇다면 똑똑하다는 사람들이 자기모순 속에서 살아가고 있는 것이지요. 아무리 작은 물건이라도 모두 그 창조목적이 있는데, 만물 중에서 가장 귀하게 만들어졌다는 사람이 아무런 목적도 없이 만들어졌겠습니까?

 그러나 ♣하나님의 형상(곧 공의와 사랑의 영적성품 곧 인격과 자유의지)을 가진 인간으로 만들고 세상에 내어 보내신 하나님께서는 분명한 창조 목적이 있다고 하셨습니다.

◎ 부모님들이 자식을 왜 낳고 싶어 하십니까?

 친구들이여! 부모님들이 자식을 갖고 싶어 하는 이유가 어디에 있습니까? 그 자식들을 통해 노년에 가서 끼니를 때우고 여생을 의탁하기 위해서요?! 물론 부분적으로는 그런 이유도 있을 수 있겠지요. 그러나 그 근본적인 이유를 깊이 들여다보면 ♣<u>자기의 형상(인격과 양심이 닮은 형상)을 좇아 태어나는 자식들을 통해 기쁨을 얻고 영화로움을 받고 싶어서랍니다.</u>

하나님께서 인간을 창조하신 목적도 바로 여기에 있다고 하셨습니다. 만물 가운데서 가장 귀하게, 그리고 자기의 형상을 좇아 창조한 사람들로부터 <u>기쁨을 얻고 영화로움을 받고 싶어서</u>라고 말씀하시고 있지요. <u>이것을 하나님께서는,</u>

"이 백성은 내가 나를 위하여 지었나니 나를 ♣<u>찬송하게 하려 함이니라.</u> 그러나 너는 나를 부르지 아니 하였고 너는 나를 괴롭게 여겼으며…나를 공경하지 아니 하였느니라" (사43:21-23).

그래서 자식들이 부모님의 그 진정한 사랑과 그 뜻을 알고 부모님이 기뻐하시고 원하시는 뜻대로 살아갈 때 부모님들은 그렇게 기쁘고 그 마음 가운데 한없는 영화로움을 받게 된답니다. 그러나 자식들이 그런 부모님들의 뜻도 모르고 배척하며 자기들 마음대로 부모님을 떠나 살아간다면 부모님들은 얼마나 섭섭하고 또 슬프겠습니까? 우리들에게 생명을 주신 하나님께서도 마찬가지랍니다.

♣♣<u>그래서 부모님의 사랑을 알고 부모님이 원하시는 그 뜻을 좇아 살아가는 것이 자식의 도리(道理)인 것 같이, 우리를 지으시고, 우리에게 생명(生命)을 주신 그 하나님의 사랑을 알고 감사하며 그의 뜻(말씀)을 좇아서 사는 것이 피조 된 인간의 본분이요, 인생의 목적(目的)이 되어야 한다는 것이지요.</u>

그러므로 생명을 주신 하나님을 우리 아버지라고 부르며 공경하는 것은 너무도 당연한 것이 아니겠습니까? 그래서 하나님은 "나를 사랑하는 자들이 나의 사랑을 입으며 나를 간절히 찾는 자가 나를 만날 것이니라"고 하셨습니다. (잠8:17).

◎ 인간들의 근원적인 악(惡)과 근본적인 죄(罪)

사람들은 도적질이나 하고 살인하는 행위의 죄만을 죄악이라고 생각하기 쉬운데 인간들에게는 이보다도 더 <u>원초적이고 근원적인 죄(罪)와 악(惡)이 있다는</u> 것을 알아야 합니다. 즉 자기를 창조해 주신 창조주를 알지 못하고 배척하며 자기 생각대로 살아가는 것을 하나님께서는 하나님의 뜻에 빗나간 잘못된 삶이라고 하시면서, 그것을 악과 죄라고 하셨습니다.

인간들에게는 원죄(原罪)가 있다고들 하는데 바로 아담으로부터 시작해서 자기에게 생명을 주신 하나님도 모르고 하나님을 떠나 하나님 없이 살아가고 있는 그것이 아니겠습니까?!

이것을 인간 본위로만 생각한다면 인간들의 죄성(罪性)과 이기심 때문에 이해가 잘 되지 않습니다. 그러나 앞에서 부모님의 입장에서 생각하여 본 것과 같이 창조주의 입장에서 생각해 본다면 쉽게 이해가 되고, 또한 쉽게 받아들일 수 있을 것입니다. 흔히 사람들은 『내가 무슨 죄를 지었느냐?』고 반문하기도 합니다.

그러나 하나님께서는 ♣예레미야 선지자를 통해서 성경에 이렇게 기록해 주시고 있습니다. "그런즉 네 하나님 여호와를 버림과 ✔네 속에 나를 경외(두렵고 존경)<u>함이 없는 것이 악(惡)이요 고통인 줄 알라 주 만군의 여호와의 말씀이니라</u>"(렘2:19). 아멘! 즉 자기에게 생명을 주신 창조주도 모르고 배척하고 있는 것이 ✪<u>근원적인 악(惡)이요</u>(렘2:19), 또 창조주의 뜻 곧 창조주의 말씀에 빗나가 자기들 생각대로 인본적(人本的)으로 살아가는 그것이 ✪<u>근본적인 죄(罪)라는 것입니다.</u> (사53:6).

이것은 ♣<u>자기를 낳아주고 길러주신 부모님도 모르고 배척하며 불효하는 것이 가장 큰 죄라고 하신 옛 성현들의 교훈과도 같은 의미이지요.</u> 공자님께서도 '자기를 낳고 길러준 부모님도 모르고 불효하는 것이 가장 큰 죄라(罪莫大於不孝-공자)'고 하였는데, 생명의 주이신 창조주 하나님도 모르고 배척하고 있는 것이 어찌 **악(惡)**이 되지 않겠습니까??

♣♣'제 아비도 모르는 악한 자'라는 의미에서 하나

님을 모르고 배척하고 있는 사람은 근원적인 악(惡)에 빠져 있답니다. 그러니까 ❶창조주 하나님을 모르고 배척하며 하나님(아버지)을 떠나 사는 그것이 '악(惡)'이요, 그분의 창조 목적에 빗나가 ❷하나님 아버지의 말씀을 듣지 않고 자기들의 뜻 /자기들 생각대로 살아가는 그것이 '죄(罪)'라는 것입니다.

그러기에 인간적인 선한 행위 이전에 우리 인간들은 먼저 생명의 주이신 하나님 아버지께 돌아가야 한다는 것이지요. 이것이 **악(惡)**을 벗어나는 길이요, 또 그의 뜻을 좇아서 하나님의 말씀을 좇아 살아가는 것만이 **죄(罪)**를 벗어나는 길이며, 선을 이루고 구원에 이르는 길이라는 것입니다.

그러기에 하나님의 은혜를 모르고 하나님을 배척하는 이스라엘 백성들을 향하여 ♣ 이사야 선지자는 하나님의 말씀을 이렇게 **대언**(代言)해 주시고 있습니다.

☞ "하늘이여 들으라 땅이여 귀를 기울이라 여호와께서 말씀하시기를 내가 자식을 양육하였거늘 그들이 나를 거역하였도다. 소는 그 임자(주인)를 알고 나귀는 그 주인의 구유(**밥을 주는 주인의 은혜**)를 알건마는…나의 백성이 깨닫지 못하는도다"(사1:2-3)라고 하셨습니다. ♣인간으로서, 주인의 은혜를 알고 반가워하는 축생(畜生)들만도 못하다는 하나님의 탄식을 대언(代言)해 주신 것이지요.

그리고 하나님께서는 "내가 아비일진대 나를 공경함이 어디 있으며 내가 (우주의) 주인일진대 나를 두려워함이 어디 있느냐"고 말씀하시고 있습니다. (말1:6).

이런 성경적인 내용을 쓰자면 한이 없답니다. 그러므로 아무리 선하게 살아오고 있다 할지라도 하나님 밖에 있는 사람으로서 나는 죄가 없다고 할 사람은 하나도 없습니다. **근원적인 악**과 **죄**에 빠져 있기 때문입니다. (렘2:19, 사53:6). 아멘!

♣**주 목** 그러므로 하나님께서 구세주로 세워주신 예수님을 믿고 우리들의 아버지의 아버지이신 하나님 아버지를 찾아감으로

♣ "**제 근본도 모르는 악한 자**(렘2:19), **제 아비도 모르는 패역한 자식이라**"(말1:6)는 불명예를 벗고 천국을 유업으로 받는 하나님의 자녀, 친 천국 백성이 되시기를 바랍니다. (갈4:6-7).

우리 조상들도 『하늘을 거역하는 자는 망하고 하늘에 순종하는 자는 흥하리라(逆天者亡 順天者興)』고 하시지 않았습니까?!

◎ 악에 처한 줄도 모르고 선을 외치고 있는 세상 종교인들!!

세상에서 아무리 자비와 최고의 선을 외치며 행하고 있다 할지라도, 자기를 창조한 하나님도 모르고 있는 세상 도덕가들과 세상 종교인들은; 마치 자기의 부모님도 모르고 밖에 나가서는 불쌍한 사람들을 열심히 도우며 ✔'내가 지금 가장 귀한 선행을 하고 있다'고 보이며 살아가고 있는 사회 사업가와 같다고 하겠습니다. 세상 사람들이 보기에는 선한 사람임에 틀림이 없겠지만, 그 실상은 자기 부모님도 모르는 근원적인 악(惡)에 빠져 있기 때문입니다.

그래서 성경에, "어리석은 자는 그의 마음에 이르기를 하나님이 없다 하는도다, 사람이 존귀하나 깨닫지 못하는 사람은 멸망하는 짐승 같도다"(시14:1, 시49:20)라고 하셨는데, 이들은 창조주 하나님도 모르고 배척하고 있는 악에 빠져 있답니다. (렘2:19)

◎ 인간들 스스로 불행과 고통을 자취(自取)

어떤 사람들은 하나님이 있다면 세상에 악한 일들이 왜 생기는가 하고 불평을 합니다. 그러나 이 세상이 죄악 가운데 고통을 당하고 있는 것은 바로 하나님을 배척하고 하나님 없이 살아가려는 데 그 원인이 있음을 꼭 기억해야 합니다.

사랑과 보호를 주시는 아버지를 떠난 자식이 죄악세상에서 고통과 불행을 당하는 것과 같은 이치이지요. **(본서 P. 89, '마귀와 악인(惡人)들을 왜 당장 지옥에 멸하지 않습니까?' 참조)**

인류의 조상인 아담이 하나님을 거역하고 하나님 없이 살아보겠다고 하나님께 불순종하자 원죄의 시발이 되었고, 그 후 하나님(아버지)의 보호를 잃게 되자 죄악의 원흉인 사탄 마귀(깡패)들에게 사로잡히기 시작한 인간들은(벧후2:19), 그가 가지고 들어온 죄의 성품으로 오염되면서 악한 일들이 계속 생기고 또 고통 가운데 살아가게 되었답니다. (창3:17-19).

초 점 그러므로 사람들은 하나님께서 인간들을 죄와 저주와 사망의 고통 가운데서 구해 주시려고 보내주신 예수님을 구주로 영접하고 먼저 하나님께로 돌아가야 한다는 것이지요. 그래서 우리의 조상 아담의 타락으로 말미암아 잃었던 우리들의 행복이 그리스도 예수 안에서 천국의 영화로 회복될 수 있다는 복음입니다. (고전15:45-53). 이것이 그리스도 예수를 통한 하나님의 인간회복과 구원의 진리(眞理)입니다.

◎『우리 아버지 최고다』라는 어린 자식들의 말에 영화로움을 느끼는 우리 부모님들!!

우리가 비록 어른이 되었지만 어린 자식들이「우리 아버지 최고다!」라고 소리치며 다가 올 때 우리들은 영화로움을 느낍니다. 수염이 나고 머리가 흰 어른들이 어린 자식들의 칭송을 받을 때, 영화로움을 받는 것이 하나님의 형상/성품을 닮은 인간들의 속성(屬性)이라면 하나님도 마찬가지랍니다.

☏하나님 영광 위해 창조된 인간(본서✔핵 심)

★★<저는 얼마 전에 손녀 하나를 얻었지요. 난지 3개월인데 가까이 가면 그렇게 좋아하고, 무엇인가 안다고 옹알이/쫑알대며 반가워하거든요. 그런 얼굴을 볼 때마다 '어! 어! 그래그래!' 얼르고 끌어안으며, 얼마나 사랑스럽고 기쁜지! 그리고 내 마음 가운데 형언할 수 없는 영화로움과 기쁨을 느낄 수 있었답니다. 똥 싸 베기 어린 자식이 좋다고 반가워하며 아는 체 할 때 어른이 된 나 자신이 기뻐지고 영화로움을 느끼는 내 마음 가운데서, 하나님이 기쁨과 영화

로움을 받고 싶어서 자기 형상을 닮은 인간들을 만드셨다고 하신 하나님의 그 뜻을 이해할 수 있었습니다. 〉★★

그리고 그에게 사랑을 주고 싶은 간절한 마음 가운데서 하나님이 당신의 독생자까지 희생시키시며 우리를 구원해 주시는 그 하나님의 사랑을 새롭게 깨달을 수 있었습니다. 이것을 성경은, "우리가 아직 죄인 되었을 때에 그리스도께서 우리를 위하여 죽으심으로 하나님께서 우리에 대한 자기의 **사랑을 확증(確證)**하셨느니라" 아멘! (로마서 5장 8절).   할렐루야!!

하나님은 우주를 창조하시고 지구도 운행하시며 모든 것을 다 가지고 계신, 우리가 상상할 수도 없는 높고 크신 분이시지만 그러나 우리들이 ★★'**우리 하나님 최고다!**'라고 하며, **반가워하고 쫑알쫑알 찬송을 드릴 때, 하나님께서는 그렇게 기뻐하시며 영화로움을 받으신답니다.** 그래서 만복을 주시며 화려한 영생복락의 천국 집도 예비하여 주신답니다. (요14:2-3).

그래서 **사도 바울은 구원해 주시는 그 이유를;**
"이는 그가 (하나님이) 사랑하시는 자(예수) 안에서 우리에게 거저 주시는 바, 그의 은혜의 ✔영광(榮光)을 찬송하게 하려는 것이라"고 성경에 기록해 주고 있습니다. (엡1:6).
"**이스라엘의 찬송 중에 계시는 주여 주는 거룩하시니이다**" 아멘! (시22:3).   그래서 ♣ **우리는 이생의 삶만을 위해서가 아니라 영원한 천국을 상속할 하나님 백성으로 태어났습니다.**

◎ 진정한 인생의 목적 (人生 目的)?

친구들이여 !!   그러면 '우리는 왜 태어난 것입니까?' 라는 처음 질문을 매듭지어야 하겠습니다.

★★**하나님께서는 사랑의 대상으로서 사람을 만드셨고, 그 사람들에게 당신의 사랑을 주고 기쁨을 얻고 싶어서 만드셨답니다. 그러므로 우리는 하나님을 최고로 경외/존경함으로 영화롭게 하여야 합니다. 이것이 우리가 이 세상에 태어나게 된 동기이지요.**

그래서 ★★인간들은 자기에게 생명을 주신 창조주를 알고 그 창조주 하나님을 기쁘게 하고, 하나님을 영화롭게 하기 위해 생명을 받고 태어난 것입니다. 이것이 성경이 주는 해답으로 피조 된 인생들이 깨닫고 수용해야할 생의 진리입니다.

또한 하나님께서는 "모든 불법에서 우리를 속량하시고 우리를 깨끗하게 하사 선한 일에 열심하는 친 천국백성으로 삼고, 영원히 함께 하는 영생복락의 하늘왕국, 곧 천국(天國)을 이루려 하신답니다." (민15:41, 딛2:14, 계21장~22장). 아멘!

주 목 "이 백성은 내가 나를 위하여 지었나니 나를 찬송하게 하려 함이니라" (이사야 43:21). 아멘! 이것이 하나님의 독선(獨善)일까요?!

우리가 존경하는 부모님들이 기쁨과 영화로움을 받고 싶어서 자식을 원하는 것이 순수한 사랑에서라면 당신의 형상(인격, 영성)을 좇아 우리에게 생명을 주신 하나님은 더욱 그러하시답니다. 그래서 세상에 계신 육신의 부모님을 우리가 공경하고 효도하는 것처럼, 우리와 우리 부모님과 조상들의 생명까지도 주신 생명의 근원이신 창조주 하나님을 찾아 공경하고 그 말씀에 순종해서 사는 것은 너무도 당연한 일이지요.

그런데 어떤 사람은 「하나님」이라는 말만 꺼내도 듣기 싫어하고 거부반응을 보이는데; 그것은 무엇인가 잘못 생각하고 있는 것입니다. ★★하늘에 계신 하나님과 그의 독생자 예수님은 어느 특정인들만의 창조주와 구세주가 아니며 영접하는 자의 하나님이요, 믿는 자들의 구세주가 되어 주신다는 복음(福音)입니다. 여기에는 편견이 있을 수 없습니다.

인간들의 죄를 속죄하고 구원해 주기 위하여 하나님께서 주신 그의 독생자 예수님을 자기의 죄를 대속(代贖/대신 속죄)한 은인(恩人), 곧 자신들의 구주(救主)로 영접하는 자들에게는 어느 누구든 영원한 생명의 구원을 포함해서 하나님의 자녀로 호적

되어 천국의 기업을 상속받고 천국에 가서 영원히 살 수 있게 된다는 복음(福音)입니다. 이것을 왜 거절하겠습니까??

 그러므로 생명과 모든 것을 주시고 또 죄로 말미암아 멸망 받을 수밖에 없었던 우리들을 구원해 주시기 위해서 당신의 독생자까지 희생시킨 하나님의 그 크신 사랑을 알고 그 은혜를 감사하며 하나님을 좋아하고 그의 말씀에 순종해서 사는 것이,

 그래서 ♣하나님을 영화롭게 해 드리는 것이 피조 된 우리 인생들의 본분이요, 목적(目的)이 되어야 한다는 것입니다.
즉 자식이 부모의 영광과 기쁨인 것 같이 우리 인생들은 생명의 주이신 하나님의 영광과 찬송이 되는 삶을 살아야 한다는 것이지요. 그래서 하나님은 "예배하는 자를 찾으시느라"(요4:23). 아멘!

 그래서 ★★'**웨스트민스터 신앙고백서**'제1조에 **사람이 제일 되는 목적은** ❶하나님을 영화롭게 하는 것과 ❷하나님을 영원토록 (기쁘시게 하며) 즐거워하는 것이라'고 선포하고 있습니다.

 그러므로 하나님 아버지를 영화롭게 해 드리는 '**예배와 찬송**'은 우리 생활의 기본이요 전체가 되어야 하며, 천국까지 계속된답니다.

 그리할 때 하나님께서는 성경을 통해 약속하신 대로(신28:1-14), 그리고 우리 조상들이 오랜 경험을 통해 고백하고 있는 것과 같이, 『하나님께 순종하는 자는 흥왕할 것이라(順天者興)』는 축복을 받게 되고, 또 내세에는 영원한 생명을 구원받을 수 있게 된다는 기쁜 소식(福音)입니다.

 이보다 더 기쁜 소식이 또 어디에 있습니까? 이것이 자기를 위한 길이며, 우리의 생명의 주이신 하나님을 기쁘시게 하고 구원과 축복을 받는 길임을 깨달아야 합니다.   그래서 "땅에 있는 성도들은 존귀한 자들이니 나의 모든 즐거움이 그들에게 있도다"라고 하나님은 말씀하시고 있습니다. (시16:3).
"**호흡이 있는 자마다 여호와를 찬양할지어다**" (시150:6) 아멘!

<u>유튜브</u> 검색→✔전종빈→제30단원 "감사와 찬양의 위력!"

◎ 우주의 왕이신 하나님의 자녀(子女)라니 *!!*

세상의 왕자, 대통령의 자녀만 되어도 부러울 것이 없는데, 우주의 왕이신 하나님의 자녀라니! ✔얼마나 황홀한 호칭입니까! <u>이것이 나의 정체성이요 기독교인들의 자화상이랍니다.</u>

또 세상의 부모님들도 자식이라면 생명을 걸고 보호하는데, 하물며 친히 창조하시고 잃었다가 독생자의 피로 다시 사서 **하나님의 이중 핏줄이 된** 당신의 자녀들을 하늘에 계신 아버지께서 얼마나 아끼며 보호하고 보장하시겠습니까! (요일5:18, 시16:3). "나의 힘이 되신 여호와여 내가 주를 사랑하나이다"(시18:1). 아멘!

'오직 예수' 신앙 : 예 화 (2) 일본의 모범적인 기독교인이셨던 <u>이가라시 장로님</u>이 노환으로 동경병원에 입원했다는 소식을 들은 <u>미우라 아야꼬</u>의 동경 친구 <u>하루꼬</u>씨가 병문안 갔는데, 그 장로님은 <u>하루꼬</u>씨 이름을 부르며 북해도에 살고 있는 친구 <u>미우라 아야꼬</u>의 안부까지 묻고는 기뻐하셨다는 것입니다. 그리고 3주후(임종 며칠 전) 하루꼬씨가 다시 병문안 갔더니, 외관상 모습은 3주전과 별 차이 없는 것 같았는데 '누구인지 모르겠다'고 하시기에 그러면 3주전 장로님이 친히 안부를 물었던 '<u>미우라 아야꼬</u>는 아느냐'고 물으니, '<u>미우라 아야꼬</u>?!' 글세? 누구인지 생각이 안 난다고 하시면서 무언가 생각하는 듯 하드니 ★★'그런데 예수님 이름은 잊지 않고 있지!'라고 하시더라는 것이었습니다. **얼마나 놀라운 오직 예수 신앙**입니까!!

☎ **특별 주목** ☎ 그러므로 우리는 신앙이 약하고 연로하신 할아버지 할머니, 우리 부모님들의 기억세포들이 다 시들어 정신이 흐리고 오락가락할 즈음에는 **구원의 핵심인 '예수님'** 이름을 매일 10번이상 불으며 기도하거나 찬송하며 임종을 대비토록 권고하고, 또 믿음이 약한 이웃 친지들이 숨져갈 때도 '**예수님 믿음을 꼭 붙들라**'고 옆에서 귀에 대고 끝까지 환기시켜주며, 우리 구원의 보증인 예수 십자가 보혈과 천국 구원에 대한 찬송으로 임종을 대비합시다. 그리하면 죽음의 사자 마귀들이 얼씬도 못하며, 호위천사의 호위를 받는 평온한 임종이 될

것입니다.("유다1:9). 아멘! (찬송)⇒'죄 짐 맡은 우리 구주' '나의 죄를 씻기는 예수의 피 밖에 없네!' '예수 앞에 나오면 죄 사함 받으며 주의 품에 안기어 편히 쉬리라 우리 주만 믿으면 모두 구원 얻으며 영생복락 면류관 확실히 받겠네!'(찬287). 아멘!!

★★ 늙을수록 '우리는 매일 하나님께 감사하며 예수 이름으로 기도하도록 권장' 합시다. 예수님 이름은 마귀들을 제압하며, 절대 구원의 보증(保證)이 되시기 때문입니다. 아멘! 아멘!!

㉔원죄유전과 가계 저주, 대표 원리와 일체 원리?

하나님의 형상으로 자유의지를 부여받고 창조된 인간들에게는 두 부류의 믿음이 있습니다. ①그 하나는 하나님의 말씀에 순종하는 신앙/곧 참 믿음(Faith)이고, ②또 다른 하나는, 아담과 같이 자유의지로 판단해서 선악을 자의로 결정하는 신념(Belief 곧 고착된 자기 생각/죄성)이 있는데, 아담은 하나님의 말씀 대신에 유혹에 자의로 선악과를 택함으로 낙원에서 쫓겨나고, 전 인류에게 원죄(原罪)를 유전시켜 태어나게 함으로(롬5:12 시51:5), "의인은 없나니 하나도 없다"는 선언이십니다(롬3:10) 이것을 하나님께서는

★★①대표 원리와 ②일체의 원리로 적용하신다는 것입니다.

1. 대표(代表)원리(롬5:12-21);

일본 천황이 맥아더 장군 앞에서 항복 문서에 서명하자 일본 국민전체가 지금까지 패전국 국민으로 전락/취급받고 있는 것과 같이, "그러므로 한 사람(아담)으로 말미암아 죄가 세상에 들어오고 죄로 말미암아 사망이 들어왔나니 이와같이 모든 사람이 죄를 지었으므로 사망이 모든 사람에게 이르렀느니라" 아담과 하와는 인류의 대표로 타락하여(원죄) 저주가 전 인류에게 적용되고 있다는 것입니다.

또한 다윗왕의 간음죄와 살인죄는 가계저주로 심판하고 징벌한 대표적인 실례이지요(삼하12:12). 아멘!

2. 일체(一體)의 원리(히7:9-10);

아브라함이 멜기세덱을 만났을 당시 (아직 낳지도 않은 그 손자) 레위는 조상의 허리

(곧 아브라함의 몸 유전자 속)에 유전되고 있었다고 하셨으니 조상의 업보(공적과 원죄)가 자손들에 까지 유전된다는 것입니다.

3. 예수님께서도 대표원리와 일체의 원리를 천명하셨습니다.(마23:35).

예수님께서는, 아벨로부터, 그 800년 이전 요하스 왕(대하24:22-25)이 스가랴 선지자를 죽인 의인이 흘린 피 값이 다 너희에게로 돌아가리라고 하셨고(마23:35 /원어; 현재형 동사의 분사), 또 "예수의 피 값을 우리와 우리 자손들에게 돌리라"(마27:25)고 장담했던 유대인들은 주후 70년 로마군에 예루살렘성이 함락되고 거민들이 흩어져, 1900년 동안 세계를 유랑하며 600만씩 죽는 저주는 하나님의 대표원리와 일체의 원리에 따른 저주로 역사가 증명해 주고 있습니다. "그러므로 의인의 아벨의 피로부터 성전과 제단 사이에서 너희가 죽인 바라갸의 아들 사가랴의 피까지 땅 위에서 흘린 의로운 피가 다 너희에게 돌아가리라"(마23:35) 아멘!

그래서 예수님께서는, '이처럼 무서운 가계의 저주/곧 조상들의 우상숭배의 죄를 비롯, 살인, 간음, 악행...등 십계명의 죄를 계속 지으면 너희도 멸망당할 것이니'(출20:3-17. 레26:39), 예수님의 대속을 의지해서 회개하며 끊어야 한다는 것, 곧 조상들의 우상숭배의 가계저주는 자손 3,4대까지, 그러나 하나님을 경외하며 순종하는 자들에게는 천대까지 은혜를 주신다는 하나님의 약속입니다.(출20:3-6, 신5:9-10). **총명 있는 자들은 깨달을진저! 아멘!**

4. 대표원리와 일체의 원리로, 원죄와 가계저주에 이의(異議)를 제기하는 자들에게 바울은 토기장이 비유로 설명해 주고 있지요!(롬9:20-21).

하나님은 창조주이시고 인간들은 피조물입니다. 토기장이가 그 토기(土器)를 마음대로 만들고 처분할 수 있는 것처럼, 창조주께서 피조물을 마음대로 활용하는 것은 당연하지 않습니까? 이것만 깨달아도 하나님이 하시는 일에 함부로 토를 달지 못할 것입니다. 주제파악!! **하나님의 위대하심과 광대하심을 측량하지 못할지니라!!**

2. 죽음이란? 그 **해답** /☠ 死?

> ★★ **죽음? 죽음?** 죽음이란 명제만큼 우리 인간들에게 절박감을 주고 또 관심을 집중시켜 오고 있는 것은 없습니다. 그러면서도 아직까지 그 해답을 얻지 못하고 불안 가운데 살아가고 있는 사람들이 얼마나 많습니까?!

◎ 죽음은; 진짜 생명 곧 영혼(靈魂)이 육체로부터 분리되는 현상

그런데 이런 죽음에 대하여 명확하게 정의(定意)해 주고 또한 그 해결책을 확실하게 제시해 주고 있는 책은 하나님께서 주신 성경 밖에는 없습니다. 그런데 성경에서 정의해 주고 있는 ★★<u>죽음은 생명의 멸절(滅絶)이나 중지가 아니라 하나의 '분리(分離)'</u> 현상일 뿐이라는 것입니다.

영혼 생명이 육체라는 장막 집을 벗어나 더 좋은 다른 환경에서 영원히 살아갈 수 있도록 하기 위해 하나님께서는 육적인 분리(죽음)를 두셨다고 하셨고 (고후4:16-5:1),

또 내세(**천국과 지옥**)를 선택(選擇)할 기회로 이생을 허락하셨기에 처음부터 한번 죽는 것을 정해 놓고 출생시켰다는 것, 즉 "한번 죽는 것은 사람에게 정(定)해진 것이요 그 후에는 심판(審判)이 있다"고 하셨습니다. (성경 히브리서 9장 27절).

그리고 속죄와 생명 구원의 문제를 해결하기 위해 하나님께서는 독생자(獨生子) 예수님을 보내 주셨다는 기쁜 소식입니다.

그러므로 그 죽음을 예비하는 사람들의 태도에 따라 다르기는 하지만 죽음은 소망이 없는 것이 아니라 더욱 소망이 넘치는 것이 될 수 있답니다. <u>구원(救援)이 보장된 크리스천들에게 죽음은 기쁨과 무한한 영광과 평화만이 넘치는 하늘의 문을 여는</u>

전기(轉機)가 되기 때문입니다. (요한계시록 21장 1-7절).

　인생의 간절한 목표는 이승/금생의 짧은 영화만이 아니라 영생녹락(永生福樂)을 소망하고 있을진대 죽음은 이를 위해 꼭 필요한 것으로 오히려 기쁨으로 맞이할 수 있는 것이지요.

◎ 생명의 본질(本質)은; 육신 속에 있는 ♣영혼(靈魂)

　불멸(不滅)의 영혼 생명의 존재에 대해서는, 우리 조상들의 고백뿐 아니라 현재 조상의 영혼을 위해 제사(祭祀)를 지내고 있는 일반인들도 그 잠재의식 속에서 스스로 인정하고 있는 것 아닙니까?! 성경은 불에도 타지 않는 불멸의 영혼생명과 그 **영혼**이 가서 영원히 사는 내세(來世), **천국과 지옥**이 있음을 분명하게 말해주고 있습니다.

　그래서 ★★생명의 본질(本質), 곧 진정한 자아(自我)는 육체 **속에 있는 영혼**입니다. 그러기에 예수님께서는 살려야 할 것은 **불멸(不滅)의 영혼 생명**이라고 말씀해 주시고 있습니다. (요6:63).

　그래서 이 땅에서 영원한 것은 **오직 하나님의 말씀과 사람들의 영혼뿐**임을 알고, 영원한 것에 투자하는 지혜로운 인생이 다 되어야 하겠습니다. 기독교 신앙은; ①. 생의 진리(말씀)를 추구하며, ②. 영원한 하나님 나라 건설에 동참하는 것이랍니다.

★★성경은 죽음에 대해 세 가지로 나누어 언급

첫째는, 육적(肉的)인 죽음입니다. (요11:11-14, 마9:24).

　　　우리가 일반적으로 일컫는 육신의 죽음입니다. 그러나 진짜 생명인 영혼(靈魂)이 육체에서 분리되는 것일 뿐, 존재가 멸절되는 것은 아닙니다.

　영적(靈的)인 생명으로 **내세**(천국 아니면 지옥)에 가서 새롭게 살아가는 것 곧 **영생(永生)**한다는 것입니다. 이점을 사람들이 확실히 이해하고 있지 못하기 때문에 죽음을 두려워하고 슬퍼하며 죽음의 명제를 푸는 데 어려움을 느낍니다.

그래서 사도 바울은, "그러므로 우리가 낙심하지 아니하노니 겉 사람(몸)은 낡아지나 속사람(영혼)은 날가지지 아니하고 날로 새로워지도다…만일 땅에 있는 우리의 장막 집(육신)이 무너지면 하나님께서 지으신 집 곧 손으로 지은 것이 아니요 하늘에 있는 영원한 집(천국의 신령한 몸 /빌3:21)이 우리에게 있는 줄 아느니라"고 성경에 기록해 주고 있습니다. (성경 고후4:16-5:1).

둘째는, 영적(靈的)인 죽음입니다.(엡2:1, 눅9:60).

인간이 죄(원죄)로 말미암아 하나님으로부터 영(靈)이 분리되어 현재 육적으로만 살아가고 있는 상태입니다. 불신자/자연인들이 이에 속합니다. 현세에서 육적으로는 살아가고 있지만 영적으로는 영성(靈性)이 죽어 있기에 내세와 영혼세계에 대한 신령한 지식을 얻을 수 없고 그래서 죽음을 두려워하며 소망 없는 현세를 살아가고 있는 것을 의미합니다.

예수님께서는, "진실로진실로 네게 이르노니 사람이 물(말씀/벧전1:23, 죄 씻음)과 성령으로 거듭나지 아니하면 하나님 나라에 들어 갈 수 없느니라 육으로 난 것은 육이요 영(하나님의 성령/생명)으로 난 것은 영(靈)이니 내가 네게 거듭나야 하겠다 하는 말을 놀랍게 여기지 말라"고 하셨습니다. (요3:5-7).

★★ 그래서 예수님을 믿고 속죄함을 받아 하나님의 성령으로 속사람 영혼이 거듭난 촌부들이 아는 내세 천국과 구원 진리를 대학 나온 지식인들이 깨닫지 못하는 현상이 생기고 있답니다.

♣만일에 사람들의 머리로 탐색해서 내세 천국을 알게 하였다면 대학 나온 지식인들은 다 천국에 가고, 배우지 못한 촌부들은 모두 지옥에 떨어지고 말 것입니다. 그러나 하나님께서는 그렇게 하시지 않았답니다. (롬1:19-32, 고전2:14, 고전12:3, 고후4:4).

그런데 영적인 죽음(분리)은 다음에 말하는 영벌의 죽음(분리)과 직결되기 때문에 현세의 인간들에게는 심각한 상태의 죽음, 곧 생명의 근원이신 하나님으로부터 분리되어 있는 상태라고 말하지 않을 수 없습니다. 그러나 여기에서는 아직까지 소망이 있습니다. 왜냐하면 지금 예수님을 믿고 구세주로 영접함으로 영혼 생명이 거듭나 소성(蘇醒)되고 천국에 가서 영생할 수 있는 선택의 기회가 아직도 남아 있기 때문입니다.

"예수께서 이르시되 아직 잠시 동안 빛이 너희 중에 있으니 빛이 있을 동안에 다녀 어두움에 붙잡히지 않게 하라 <u>어두움에 다니는 자는 그 가는 곳을 알지 못하느니라</u> 너희에게 아직 빛(생명)이 있을 동안에 **빛(예수님)**을 믿으라 그리하면 **빛(하나님)**의 아들이 되리라"고 하셨습니다. (요12:35-36). 아멘!

셋째는, <u>영원한 죽음 곧 영벌(永罰)의 죽음</u>입니다.
(요한 계시록 20:13-14, 계시록 21:8).

생명과 행복과 소망의 근원되시는 하나님으로부터 영혼이 분리되어 불 못이라는 지옥(地獄)에 가서 살아가게 되는 것으로 가장 심각한 죽음(**분리**)입니다. 천국 구원의 기회를 영원히 잃고 마는 하나님과의 분리이기 때문입니다. 그러나 여기서도 생명의 멸절이 아니라 빛과 사랑과 행복의 근원이신 하나님으로부터 영원히 분리되어 지옥(地獄)이라는 곳에 가서 마귀들과 함께 살아간다는데 심각한 문제와 고통과 절망이 있답니다.

그래서 이것을 성경에서는 세세토록 괴로움을 받게 되는 영벌(永罰)의 죽음(**분리**)이라고 말하고 있습니다.(마25:46, 계20:10).

<u>하나님께서 주신 예수님을 믿지 않아서 끝까지 속죄함을 받지 못한 불신자들이 영원히 당해야 하는 심각한 **분리**(**죽음**)입니다.</u>

이 엄청난 불행을 피하고 영생복락의 천국구원을 얻기 위해 우리는 하나님께서 <u>속죄양</u>으로 주신 그분의 독생자 **예수님을 구주(救主)로 영접함으로 속죄(贖罪)함을 받아야 한다는 것입니다.**

◎ 진짜 두려워해야 할 영적(靈的) 죽음:

그러므로 <u>죽음이라는 용어를 존재의 멸절로 보아서는 절대 안 됩니다. 죽음은 '**분리, 단절**'로 기억해야 합니다.</u>

이것은 육신이 이미 화장되어 없어졌거나 땅 속에 묻히어 썩어 흙이 된지 오래인데도 조상의 영혼/생명이 있다고 제사를 지내는 불신자들도 이것을 <u>스스로 인정</u>하고 있는 것이지요.

그러므로 삶과 죽음에 대한 명제를 이해하기 위하여;

★★**<죽음은 존재/생명의 멸절이 아니라 분리>라는 것을 꼭 기억해야 하겠습니다.** 그러기 때문에 우리 조상들도 『사람이 죽으면 없어진다고 하지 않고 하나님께서 주셨던 영혼생명이 생기(生氣)의 형태로 하늘에 되돌아간다, 돌아 가셨다』라고 고백하고 있답니다.   (魂氣歸天 形魄歸地 /禮記).

이것을 성경에서는 "한번 죽는 것은 사람에게 정해진 것이요 그 후에는 심판(審判)이 있다"(히9:27)고 하셨습니다. 그리고 예수님의 "대속(代贖)함의 은총을 거절하는 완고한 불신자들은 영벌고통(永罰苦痛)의 지옥(地獄)에, 예수님의 대속을 감사함으로 믿고 받으며 의지하는 신자(의인)들은 영생복락(永生福樂)의 천국(天國)에 들어가리라"(마25:46)고 말씀해 주시고 있습니다.

"하나님은 모든 행위와 모든 은밀한 일을 <u>선악 간에 심판하시리라</u> /선한 일을 행한 자는 생명의 부활로, 악한 일을 행한 자는 심판의 부활로 나오리라" (전12:14 /요5:29). 아멘!

그래서 부부가 나뉘면 가정이 죽는 것과 같이, 영혼과 육체가 <u>분리</u>되면 사람(육신)이 죽는다고 말합니다. 따라서 생기(生氣)의 근원이신 하나님으로부터 사람이 <u>분리</u>되면 사람의 영(靈)이 죽는다고 말합니다.   그러므로 동물과는 달리 <u>인간들에게 영적 죽음이란 생명과 빛과 행복의 근원이신 하나님으로부터 영혼생명이 영원히 분리되어 생기와 빛을 공급받지 못하고 살기 때문에 절망 상태에서 살아가는 것을 뜻하며 지옥의 삶이 바로 그런 삶이라는 것입니다.</u> (사31:3, 욥12:10, 전3:21, 살전5:23).

♣ **주 목** <u>인간의 진짜 생명인 속사람 영혼은 불에도 타지 않는 영혼불멸(靈魂不滅)의 생명체로서 영의 세계, 곧 천국 아니면 지옥에 가서 영원히 살아간다는 것입니다.</u>

그런데 ♣그 영혼생명은 희미한 생명이 아니라 현재 육신을 가지고 사는 현세의 생명(生命)보다 더 사실적으로 느끼는 생명이요 내세의 삶이 또한 그렇다는 것입니다.

◎ 죽음과 영벌(永罰)의 지옥을 이기는 유일한 길

친구들이여! 그런데 하나님께서는 죄로 인한 이 영적인 분리 곧 죽음과 지옥으로부터 구원받을 수 있는 길을 예비하여 주셨습니다.

★★그것은 ①죄와 ②사망의 마귀권세를 깨뜨리신 예수님의 ❶**십자가 대속(代贖)과 ❷부활의 권능을 통한 구원의 길입니다.**

그래서 예수님께서는 "나는 부활(復活)이요 생명(生命)이니 나를 믿는 자는 죽어도 살겠고 무릇 살아서 나를 믿는 자는 영원히 죽지 아니하리니 이것을 네가 믿느냐"(요11:25)라고 하시고, 또 "내가 곧 길이요 진리요 생명이니 나로 말미암지 않고는 아버지께로(천국에) 올 자가 없느니라"고 하셨습니다. (요:14:6).

★★그러므로 영벌의 분리, 곧 죽음과 지옥을 이기는 유일한 길은 하나님께서 주신 그의 독생자 예수 그리스도를 자기의 구주와 주(主)로 믿고 영접하는 길 뿐임을 알아야 하겠습니다.

그러나 하나님께서 은혜로 주신 이 특별사면의 기회를 무시하고 받아들이지 아니하며 **허세와 고집, 완고함과 교만에 빠진 사람들**은 하나님과 이별하고 지옥(地獄)이란 곳에 가서 영원히 살게 된다는 데에 죽음의 결정적인 불행이 있답니다.

★★그래서 우리가 진짜 두려워해야 하고 또 슬퍼해야 할 죽음은 육신의 죽음이 아니라 불에도 타지 않는 영혼생명이 천국에 가지 못하고 아프리카의 정글(密林)보다도 더 뜨겁고 불결하며 고통스런 지옥(地獄)에 가서 마귀와 함께 영원히 고통당해야 한다는 영벌(永罰)의 죽음입니다.

"죽음을 두려워하면서도 믿지 아니하는 자들과 흉악한 자들과 살인자들과 음행하는 자들과 점술가들과 우상숭배자들은…유황불로 타는 못에 던져지리니 이것이 둘 째 사망(영벌의 지옥)이니라"(계21:8). "물 한 방울만 찍어 내 혀를 서늘하게 하여 달라고 애걸 하는 곳"이 지옥입니다. (눅16:24). 깨달을진저!!

㉕ 사랑의 하나님이 지옥(地獄)은 왜 두었습니까??

어떤 사람들은 <u>사랑의 하나님</u>이라고 하시면서 영벌의 <u>지옥(地獄)은 왜 두었는가</u> 하며 불평하는 사람들도 있습니다.

그러나 **지옥은** ♣하나님을 대적하는 타락한 천사인 마귀들을 가두는 불 못으로 예비 된 곳인데, 하나님의 용서와 사랑을 거절하고 **마귀를 따르는 자**들이 들어가게 된다고 말씀하여 주시고 있습니다(✔마25:41). 그러므로 하나님께서 지옥에 보내는 것이 아니라 <u>교만과 아집</u>으로 불순종하는 자들이 스스로 자초하고 있는 것임을 알아야 합니다. '그래서 <u>마귀만 따라 가다가 너 지옥에 가겠구나!</u>' 노래하고 있습니다. (찬522장).

★★ 세상에서도 죄가 있으면 감옥(監獄)에 간다는 것을 알면서, 내세에 죄(罪)가 있으면 지옥(地獄)에 가며 벌을 받아야 한다는 것을 왜 이해하지 못 합니까? 공의(公義)의 하나님이라면 더욱 그리하셔야지요. 독생자까지 주셔서 100% 사랑을 보이신 하나님께서는, 죄악의 심판도 100% 심판하는 공의의 하나님이시랍니다. '예수님 믿고 천국에 함께 갑시다!!'

✔**다만 행위대로 갚으시는 하나님**이시기에 극악한 죄를 범한 자들과 그렇지 않은 단순 불신자들과의 차등심판이 있을 수는 있어도(계20:12) 세세토록 고통당하는 지옥(地獄)이랍니다.

성경에 "…행위대로 심판하여 **불못에 던져지기도 하고** /또… **지옥에 던져 어두운 구덩이에** 둔다"(계20:12-15 ✔벧후2:4)고도 하셨으니 지옥도 차등(差等?!)이 있을 것이라는 추정이 가합니다.

어떤 사람은 지옥(地獄)이 있다고 하면 몹시 싫어하고 거부반응을 보이는데 미리 알려주는 경고가 얼마나 감사한 일입니까!! 말해 주지 않으면 있는 것이 없어집니까? 그리고

★★ '지옥에나 가라'고 하면 이보다 더 큰 저주와 악담이 없는데, '예수님 믿고 천국에 가십시오'라는 이 기독교 복음이 얼마나 감사하고 또 반가운 소식입니까! 착각하지 마십시오,

그런데, 지옥(地獄)이 없다고요?! 구원노력의 필요를 느끼지 못하게 안심시키기 위한 사탄의 조종을 받는 이단(異端)들의 사특한 속임수 전술임도 알아야 합니다. 우리는 영벌의 지옥에 가지 않기 위해 예수님을 자기 구주로 믿고 하나님께 나아가는 지혜와 겸손이 앞서야 하겠습니다. 40대에 내세를 깨닫고 구원의 길을 택한 세기적 천재 뉴톤과 파스칼의 고백들을 들어 보십시오!!

㉖ 마귀와 악인들을 왜 당장 멸하지 않습니까??

1. 악인(惡人)들도 돌아서기를 기다리고 계신 하나님!

"의인은 없나니 하나도 없다"(롬3:10)고 하셨는데, 만일 하나님께서 **참으시지 않으셨다면** 당신과 나, 아니 우리 사랑하는 자식과 가족들이 예수님을 믿기 전(**죄 사함 받지 않은 악인 상태로/렘2:19**)에 이미 심판을 받고 다 지옥에 떨어지고 말았을 것입니다. 그러나 "하나님께서는 오래 참으사 아무도 멸망치 않고 다 회개하고 구원에 이르기를 원하시며 기다리고 계신 은혜시대라는 것입니다"(벧후3:8-13, 고후6:2). 그리고 하나님께서는, "내가 어찌 악인이 죽는 것을 조금인들 기뻐하며 그가 돌이켜 사는 것을 어찌 기뻐하지 아니 하겠느냐"고 말씀하시고 있습니다. (겔18:23).

2. 사탄도 성도들 연단과 하나님 경륜을 이루는 도구?!

대적 자, 사탄 마귀는 교만하여 타락한 천사들로, 성경의 말씀(구속사)을 완성하기 위한 하나의 ★★**도구적 존재**로 지옥 심판을 미루고 있는 것뿐이랍니다. 그래서 사탄 마귀들 뿐 아니라 그 추종세력인 세상 악인들과 독재자들도, 죄악을 이기고

순종 잘하는 천국 백성들 연단과 선택을 위한 채찍과 막대기로 예수님 재림 시까지 허용되다가 불 못이라는 영벌의 지옥에 함께 가두는 세상 종말심판(終末審判)이 있음도 꼭 기억해야 하겠습니다.(삼하7:14, 삼상16:14, 대상21:1, 사10:5-15, 사13장, ✔마13:27-30, 등), ✔(본서 P. 114 하나님 안에서 연단은 성도들의 **필수과목!!** 참조)

"악인(惡人)도 악한 날에 적당하게 하셨느니라 /하나님이 (마귀의) 미혹을 그들에게 보내사 거짓 것을 믿게 하심은 진리(하나님 말씀)를 믿지 않고 불의를 좋아하는 모든 자들로 심판을 받게 하려 하심이라"고 하셨습니다.(잠16:4, 살후2:11-12).

※ 먼저 활짝 열려 있는 ♣천국 문을 바라봅시다.

하나님께서는 모든 사람들에게 지금 특별사면의 은혜시대를 선포하시고 천국 문을 활짝 열어놓고 계십니다. 그러므로 우리는 지옥심판을 생각하기 전에 우리를 구원해 주기 위해서 독생자까지 희생시킨 하나님의 그 크신 사랑을 먼저 생각하며 지금 활짝 열어놓고 계신 천국 문을 바라볼 수 있기 바랍니다. 그리 할 때 지옥은 나와는 아무런 상관이 없는 곳이 되고 말 것입니다. 하나님께서는 "너희를 대하여 오래 참으사 아무도 멸망하지 않고 다 **회개(悔改)**하고 구원에 이르기를 원하시며 기다리고 계신다"고 하셨습니다. (벧후3:9, 딤전2:4).   그 증거로,

"우리가 아직 죄인 되었을 때에 그리스도께서 우리를 위 하여 죽으심으로 하나님께서 우리에 대한 자기의 **사랑을 확증(確證)**하셨느니라"고 하셨습니다.   아멘! (로마서 5장 8절).

☎ "**초점**" 복음의 핵심인 예수님을 믿고 구주로 영접하기만 하면 그야말로 ★★**값없이**(은혜로, 공짜로) 구원을 받게 됩니다.(롬3:23-24). 그런데 공짜가 아니지요. 우리의 죄의 값을 대신 치루기 위해서 하나님께서는 독생자의 생명까

지 내 놓는 엄청난 대가(代價)를 지불하셨기 때문입니다.

이것을 성경은, "하나님이 세상을(사람들을 /당신을) 이처럼 사랑하사 독생자를 주셨으니 이는 그(예수님)를 믿는 자마다 멸망치 않고 영생을 얻게 하려 하심이니라"고 기록해 주고 있습니다(요3:16✔성경의 요절). 그래서 구원은 세상에서 가장 값비싼 하나님의 공짜 선물, 곧 무한한 하나님의 사랑과 은혜이지요.

"모든 사람이 죄를 범하였으매 하나님의 영광(천국)에 이르지 못하드니 그리스도 예수 ✔안에 있는 속량으로 말미암아 하나님의 은혜로 값없이 의롭다 하심을 얻은 자 되었느니라"(롬3:23-24).

아무리 때가 많아도 목욕탕에 들어가면 다 씻기듯, 큰 죄와 허물이 아무리 많아도 ✔하나님의 은택(恩澤, 곧 은혜의 연못)은 다 포용하고도 남는 답니다.

그래서 시편 기자는, "내 영혼아 여호와를 송축하라…그 모든 은택(恩澤)을 잊지 말지어다 저가 네 모든 죄악을 사하시며…네 생명을 파멸에서 구속(救贖)하시고 인자와 긍휼로 관을 씌우시며…"라고 고백하고 있습니다. (시103:1-5). 아멘!

그래서 우리들은 ★★ 『웬 말인가 날 위하여 주(主) 돌아 가셨나, 내 지은 죄 다 지시고 못 박히셨으니 웬 일인가 웬 은혜인가 그 사랑 크셔라! 가장 귀한 그 이름 예수! 바라보자 주님 계신 천국을! 걸어가자 하늘 영광 저 문을! 내게 믿음 소망 사랑 넘치네!』 감격하고 또 감격하며 찬송을 부르고 있습니다. (찬송가143 + 복음 찬송).

그러므로 생명구원은 인간 노력이나 공로가 아닌 하나님의 전적인 은혜요(100%), 하나님의 무한하신 사랑이랍니다.

노후 대책에는 신경을 쓰면서, 영생할 내세를 못 보는 사람들?

★★ 많은 사람들이 몸에 좋고 오래 살 수만 있다면 지렁이/토룡탕이든, 뱀탕, 사슴의 피, 등 값도 고하간에 가리지 않고

구해 먹는 데는 열심이면서, 그리고 잠시 살다가 다 놓고 떠날 좀 더 좋고 호화로운 집을 위해서는 전력을 투구하면서 영생복락(永生福樂)의 천국이 있다는 이 기쁜 소식(福音)에는 어찌 귀를 기울이지 못하는지요?! 정말 착각에 빠져 있는 삶이 아닙니까?!

"하나님은 이르시되 **어리석은 자**여 오늘 밤에 네 영혼을 도로 찾으리니 그러면 네 준비한(**우상같은 이 모든**) 것들이 누구 것이 되겠느냐"(눅12:20)?! **유럽 동부 독일인들의 금고 문을 열면 그 문 안쪽에, '메멘토 모리'**/'너는 반드시 죽는다는 것을 기억하라'는 경구(警句)가 쓰여 있답니다. **총명 있는 자들은 깨달을진저!!**

그런데 이런 감사하고 기쁜 소식을 왜 거절하겠습니까?! 활짝 열려 있는 천국은 거절하면서 지옥이 있다는 것만 불평하고 있다면 이것은 무엇인가 잘못 생각하고 있는 것이지요. 공의의 하나님께서는 이런 사람들을 향하여 "악(惡)을 놓기를 싫어하여 일부러 빛 되신 하나님과 구원을 거절하는 **이상한 자들**임으로 정죄의 심판을 면할 수 없다"(요3:18-21)고 하셨습니다.

"만물보다 거짓되고 심히 부패한 것은 (사람의) 마음이라 누가 이를 알리요 마는 나 여호와는 심장을 살피며 폐부를 시험하고 각각 그 행위와 그 행실대로 보응한다"고 말씀하십니다. (렘17:9-10).

"믿음의 주요 또 온전하게 하시는 이인 예수를 바라보자"(히12:2).아멘!

※ 삶과 죽음에 대한 완전한 해답은 ♣예수 그리스도!

친구들이여! 그러므로 삶과 죽음에 대한 완전한 해답은 하나님께서 우리의 죄를 대속(代贖)하기 위해 주신 독생자 예수님이십니다. 예수 그리스도를 나의 **죄를 대신 속죄해 주신** 구주(救主)로 믿고 영접함으로, 죽음과 지옥을 이기고 인생의 궁극적 목적인 영생복락의 천국을 쟁취할 수 있기 바랍니다.

성경은, "영생(永生)은 곧 유일하신 참 하나님과 그의 보내신

자 예수 그리스도(구세주)를 아는 것이니라"(요17:3). 아맨! 아멘!

'오직 예수' 예 화 (3) 감리교 창시자 **요한 웨슬리**

목사님이 하나님의 일을 깊이 묵상하는 중 /입신, 천국 문전에 갔는데 그 문을 지키는 천사가 있기에, '천국에 천주교인이 얼마나 있느냐'고 물으니 한사람도 없다는 것이었습니다. 그러면 '성공회 교인은? 장로 교인은?…몇 명씩이나 있느냐'고 물으니 또한 한 사람도 없다는 것, 그래서 '감리 교인들만 많겠네요' 하니 감리 교인도 없다는 천사의 말에, 웨슬리 목사님은 정신이 번적 들며 그러면 천국에는 어떤 사람들이 오는가고 하였을 때, 그 천사는 『예수님의 피로 속죄함을 받은 하나님의 성도(聖徒)들, 곧 '예수 그리스도(기독) 신자들'만이 온다』는 것이었습니다. 아멘!

☎ '삶과 죽음'에 대한 결론 (곧 인생의 목적) ☎

"한번 죽는 것은 사람에게 정하신 것이요 그 후에는 심판이 있다"(히9:27). 곧 하나님께서는 인간들로 하여금 ★★ **선택(選擇)의 기회로 죽음을 전제로 이생의 삶을 잠시/한번 허락하셨고, 영원히 살게 하기 위해 새로운 신령한 부활 생명체로 천국을 주신다는 복음입니다.** 그러므로 우리는 되는 대로 사는 인생이 아니라 영생복락의 천국을 위한 ① 선택의 기회로, ②오직 예수 신앙에, ③ 천국건설과 부름의 상을 위한 헌신과 전도/선교의 삶으로 매진해야 하겠습니다. (빌3:12-14). 아멘!

"저희(불신자들)은 영벌(지옥)에, 의인(예수님 믿어 속죄함 받은 신자들)은 영생복락의 천국에 들어가리라"(마25:46)고 하셨습니다.

※ 수 억만금보다 더 큰 예수님의 십자가 보증수표!

생명만큼이나 귀중하게 여기는 지금 살고 있는 여러분들의 집이 수십 억 원의 저당 빚으로 넘어갈 형편이 되었을 때, 한 선한 친구가 여러분의 처지를 불쌍히 여겨 수십 억 원짜리 은행 수표를 주며 그 빚을 갚고 그 집을 찾아 살라고 한다면, 그 수

표를 한 장의 종이쪽지로 무시해 버리고 말겠습니까? 그러면 그 집은 그 친구의 호의와 은혜에도 불구하고 영영 찾지 못한 채 여러분들은 엄동설한의 집밖으로 쫓겨나고 말 것입니다.

마찬가지로 하나님께서는 천하보다 귀한 여러분의 생명을 구원해 주기 위해서 예수님의 십자가 대속(代贖)의 보증수표(保證手票)를 주시며 지금 은혜의 해를 선포하시고 계신데 여러분은 이 하나님의 사랑을 믿을 수 없다고 무시해 버리고 말겠습니까? 그리하면 죗값으로 저당 잡힌 여러분들의 귀한 생명은 마귀의 지옥 종으로 끌려가고 만다는 것을 잊지 않기 바랍니다. (이사야50:1-2, 요한 일서3:8, 로마서6:23, 베드로 후서2:19).

"너희 하나님이 되려고 너희를 애굽 땅(죄악 세상)에서 인도하여 낸 자니 나는 여호와(하나님)니라" 아멘! (레22:33, 민15:41)

◎ 죽음은 영생(永生); 곧 천국과 지옥으로 갈라지는 전기,
내세는 영생복락의 천국(天國), 아니면 영벌고통의 지옥(地獄)뿐!

죽음을 초월하는 신앙과 // 독실한 성도의 죽음 이해

로마 원형극장에서 사자들에게 기독교인들을 던져 죽이는 핍박이 있을 당시, 줄을 따라 끌려가고 있는 한 엄마의 등에서, 경비병이 어린 아기를 쑥 뽑아 사자에게 던지는 순간 '**아가야! 잠시만 참아라 곧 밝은 하나님 품에 안긴단다**'라는 엄마의 외침에 원형극장의 관중들이 압도당하고 말았다는 일화입니다! 죽음을 초월하는 신앙인데, 아마도 그 아기를 사자가 물기 전 이미 천국이 열리고 그의 영혼/생명은 밝은 호위 천사에 받들려 주님의 품에 안겼을 것입니다. (눅16:22, 행6:15, 유1:9).

그래서 성경은, ★★ "**의인**(義人곧 속죄함 받은 독실한 기독신자들)의 갑작스런 사고사나 병사에 이해하지 못하고 당황하며 '그도 별수 없이 죽고 말았구나?!' 판단들을 하고 있을 것이나 그를 화액(禍厄) 전에 미리 천국의 평안에 들어가 편히 쉬게 하고 있다"는 하나님의 말씀이십니다. (개역 성경 ✔사57:1-2).

"또 내가 들으니 하늘에서 음성이 나서 이르되 지금 (말세 고통하는 때) 이후로 주 안에서 죽는 자들은 복(福)이 있도다 하시매 성령이 이르시되 그러하다 그들이 수고를 그치고 쉬리니 이는 그들의 행한 일이 따름이라 하시더라"(계14:13) 아멘!

그래서 사고사나 순교? 어떤 모양으로 죽던 독실한 성도(의인)들의 죽음은; 생명을 주관하시는 하나님께서 필요한 때라 판단해 데려 가신 것이라 믿기에, 또 우리의 목표가 영생복락의 천국일진데 먼저 평안에 들어 간 것이니 목적을 다 이룬 것이지요. 그리고 하나님께서는 항상 최선을 택하신다는 것을 믿고 우리는 위로(慰勞) 받을 수 있어야 하겠습니다. (시119:75).

"주신 이도 여호와시요 거두신 이도 여호와시오니 여호와의 이름이 찬송을 받으실지니이다 하고 이 모든 일에 욥이 범죄하지 아니하고 하나님을 향하여 원망하지 아니하니라"(욥1:21-22). 아멘!

이순신 제독(장군)이 구원을 받을 수 있을까요?

이런 질문은 왜 합니까? 그 시대에는 한국에 예수님 복음이 전파되기 전이였기에 선하게 살다가 간 그런 조상들의 구원이 궁금해서요?! 그럴 수도 있겠지요. 그렇지 않으면 양심대로 선하게 살면 당신은 예수님 안 믿고도 구원 받을 수 있다고 자랑하고 싶어서요?! 하나님 두기를 싫어하는 마음에서는 않인지요?!(렘17:9-10). 그러나 예수님의 복음을 듣고 있는 현 세대에 살고 있는 우리들은 예수님 믿지 않고는 구원 받을 수 없답니다. (요15:22).

이순신 제독과 세종대왕과 같이 복음을 듣지 못한 세대의 선한 사람들에 대하여서는 **양심심판**의 가능성을 말하는 신학이론도 있지만(롬2:13-16), 요한 칼빈의 예정론 /보수 정통 한국의 장로교 신학자들은 구원 받지 못한다고 주장하고 있습니다.

☎ **특별 주목** ☎ 그런데 세종대왕이나 이순신 제독이

구원을 받고 구원 받지 못하는 것은; 우리들의 구원과는 전혀 상관이 없는 것이니 우리가(사람들이) 신경 쓸 문제가 아니요 공의(公義)의 심판관이신 하나님께 속한 것이며, 우리가 할 일은 지금 선포되고 있는 『예수 그리스도를 믿으면 값없이(은혜로) 100% 구원을 받을 수 있다』는 이 확실한 은혜의 복음(**오직 예수 신앙**)을 부여잡는 지혜와 겸손만이 꼭 필요한 때입니다.

이런 확실한 복음이 지금 전파되고 있는 은혜시대인데 더러운 옷과 같은 우리들의 의(義)나 양심을 내세우며 예수님의 속죄함 없이 구원 받겠다고 하겠습니까?! (사64:6, 렘17:9-10, 요3:19).

자기 죄와 허물도 모르고, 그 마음에 하나님 두기를 싫어하는 죄성(**타락성, 곧 교만과 완고함**)의 발로랍니다(롬1:28). 하나님께서는 "의인은 없나니 하나도 없다"(롬3:10)고 하셨고, 예수님께서는, "내가 와서 말하지 아니 하였더면 죄가 없으려니와 지금은 그 죄를 핑계할 수 없느니라"(요15:22)고 강조하셨습니다.

그러므로 ★★**내 생각이나 양심, 애매한데 의탁치 말고 구원이 확실한 이 '오직 예수님' 복음을 꼭 붙드십시요!!**

"예수께서 이르시되 손에 쟁기를 잡고 뒤를 돌아보는 자는 하나님의 나라에 합당하지 아니 하니라" (눅9:62). 아멘!

♣ **참 고:** '**사측생(死側生), 생측사(生側死)**'이란 **이순신 제독 어록**(語錄)이 유명한데; 아이러니하게도, 성경의 "자기 목숨을 보전하고자 하는 자는 잃을 것이요 잃는 자는 살리라"(눅17:33)란 예수님의 교훈과 같고, 또 하늘에 의탁하는 이순신 제독의 난중일기도 발견됨은; 선한 본심, 곧 양심에서 나온 이순신 제독의 고백이랍니다!=롬2:13-16. 하나님은 사람들에게 영원과 하나님을 사모하는 마음과 양심을 주셨답니다. (전3:11). 아멘!

㉗**복음을 듣지 못한 자들의 양심심판 유추**(類推)?!

성경(롬2:13-16)에, "하나님 앞에서는 **율법**(곧 하나님의 말씀

/공의)을 듣는 자가 의인이 아니요 오직 율법을 행하는 자라야 의롭다 하심을 얻으리니 (율법이 없는 이방인/즉 이순신 장군이 **본성**으로 율법의 일을 행할 때에는 이 사람은 율법이 없어도 자기가 자기에게 **율법**이 되나니 이런 이들은 그 **양심**이 증거가 되어 그 생각들이 서로 혹은 고발하며 혹은 변명하여 그 마음에 새긴 율법의 행위를 나타내느니라) 곧 나(예수님)의 복음에 이른 바와 같이 하나님이 예수 그리스도로 말미암아 사람들의 은밀한 것을 **심판**하시는 그 날이라" 곧 최후 심판의 그 날에 마음에 새긴 율법인 본성의 행위, 곧 양심 심판을 하시겠다는 것 안 입니까?!

상기 성경 말씀(✔롬2:13-16)을 자세히 검토해 보면; **하나님의 형상**인 ⇨ **선한 양심**은 ⇨ **율법을 받지 못한 이방인들도 마음의 율법 곧 양심대로 행하려 하는 선한 마음인 인간의 본성**으로 행한 경우 ⇨ **하나님이 양심심판을 암시**하시고 있고, 또 "선한 양심이 하나님을 향하여 찾아간다"(벧전3:21)라고 하셨기에, 복음을 듣지 못한 세대와 아프리카 오지(奧地/화전민등) 이방인들의 양심심판 가능성이 암시되고 있으나(✔롬2:14-16 + 요15:22 + 행17:30-31, 행14:16), 만일 양심심판이 있다고 성경에 직설적으로 기록해 주면, 죄성에 물든 인간들은 예수님 은혜복음은 제쳐놓고, 더러운 옷과 같은 자기들의 의와 양심을 내세울 것임을 잘 아시는 하나님이시기에(✔사64:6, 엡2:9,✔렘17:9-10), "성령이 교회들에게 하시는 말씀을 들을 귀를 가진 자들만이 (**곧 신실한 기독교인들만이**) 깨달을 수 있도록" 양심 심판의 가능성에 대해 상기와 같이 은유(隱喩)와 암시적으로 기록해 두시고 있는 줄 압니다.   예수님께서도, "내가 와서 그들에게 말하지 아니하였더면 그들에게 죄가 없으려니와 지금은 핑계할 수 없다"(요15:22)라고 하셨고,   또 "알지 못하던 시대에는 하나님이 허물치 아니하셨거니와 이제는 어디든지 사람에게 다 명하사 회개하라 하셨으니 천하를 공의로 심판할 날을 작정하시고 모든 사람에게 믿을 만한 증거를 주셨음이니라"(행17:30-31). 아멘!   신학집착들 사고에, 말씀과 계시 의존 신앙에서 유추해 본 것입니다.   **총명 있는 자들은 깨달을진저!!**

十二. 성경대로 바르게 믿는 교회 선택

1) 천주교 신앙 변질로부터 시발한 기독교회

천주교회로부터 기독교회가 파생되었으니 천주교회가 옳고 또 큰집이라고 표현하며 우월하다고 말하는 경우가 많은데, 실상은 기독교(그리스도교)는 사도시대 안디옥 교회로부터 시작하였기에 기독교가 원조(元祖/행11:26)이고, 서기330년 신앙이 로마의 국교로 자유화된 이후 천주교가 타락해서 다시 종교개혁으로 바로 잡은 것이 기독교임을 꼭 기억해야 하겠습니다.

교황(사람) 중심의 **천주 교회**가 중세 돈을 받고 면죄부(免罪符)를 파는 등 신앙이 타락/변질되자, **마르틴 루터 신부는 ✔95개항의 적지 않은 중대한 잘못들을 지적**하며 성경대로 바르게 믿어야 한다고 주창하였을 때 로마교황청은 이를 무시하고 항의파라고만 몰아세움으로써 ♣**항의파(抗議派)**라는 의미의 **프로테스탄트(Protestant)** 곧 성경 중심의 **예수교 = 기독교 (=예수 그리스도교회)**가 1517년 종교개혁이후 시작되었고 개신교(改新敎)라는 별명으로 부르기도 하였지만, 예수님 부활 승천 직후 사도시대 그리스도교(=기독교/✔행11:26/그리스도 인)이란 이름으로 시발되었기에 기독교(基督敎=그리스도교)가 원조이고 공식호칭(公式呼稱)으로 회복되어 사용 중입니다.

그리고 천국 구원을 받으려면; 성경대로 바르게 믿는 것이 가장 중요하기에 ✔성경에서 벗어난 교회들은 구원이 없는 잘못된 교회요 우리들은 오늘날 사이비/이단교회들이라 규정하며 멀리하고 있습니다. 그런데 **천주교는**, ★★성경의 핵심인 십계명도; 하나님께서 새긴 우상들을 만들어 절하지 말라는 우상금지의 두 번째 계명을 빼고는, 열 번째 계명을 둘로 나누어 변질된 십계명을 지금도 사용 중이고(출20:3-17, 신5:1-21, **확인 요**), 또 예수님의 이름으로만 기도해야 한다는 그 성경의 핵심을 벗어나

『성모 마리아여 우리 기도를 못들은 체 마옵시고, 더욱 죽을 때 버리지 마시며 구원하소서』라고 기도하는 등 회개와 기도와 구원 신앙의 핵심들이 아직도 성경에서 많이 벗어나 있답니다.

그래서 종교적 경건의 모양만 있고 그 실속 /구원이 없는 종교 교회들에 특별히 주의하라고 경고해 주시고 있습니다. (✔딤후3:5).

> ♣**성모 마리아**는 인간의 몸을 입고, 원죄가 없으신 구세주 예수님을 이 세상에 보내기 위해 하나님께 쓰임 받은 복 받은 여인으로 우리의 ★존경과 흠모의 대상(사람)은 될 수 있을지언정, 신격화하거나 참신(神)이신 하나님과 예수님께만 드리는 경배와 예배, 구원해 달라고 기도하는 대상은 결코 될 수 없음을 알아야 하겠습니다(마2:11). 혼돈해서는 절대 안된답니다.

2) 성경대로 바르게 믿는 기독(=그리스도) 교회

천주교의 신앙변질로부터 시발한 참신한 기독교지만, 시대가 변하면서 그 중에서도 **예수님 믿음**과, **삼위일체 신앙**에서 벗어난 잘못된 **유사 기독교회 /사이비 종파들 (통일교, 몰몬교, 여호와 증인, 신천지, 안상홍-하느님의 교회, 구원 파 등**), 하나님 이름으로 위장하고 유혹하는 이단교회들도 많이 생겨나고 있으니, **성경대로 바르게 믿는 바른 정통 기독교회**(장로교, 감리교, 침례교, 성결교, 순복음교회)중 하나를 찾아 신앙생활을 시작하기 바랍니다.

성경대로 바르게 믿는 5대 기독교회 중에서도 **천국 구원의 핵심인 ①예수 십자가 구속과 ②부활신앙에 초점을 두고 강조하며**, 말씀과 기도와 찬양이 충만한 교회를 찾아 나가십시오.

3) 기독 교회(=그리스도 교회)의 교파(敎派) 문제?

'기독교는 한 하나님을 신앙하는데 왜 그렇게 교파가 많느냐?'고 하며 교회를 정하는데 어려움이 많다고 합니다. 그러나 기독교회의 시발이 천주교의 신앙변질로 인해 시발되었기에; 순복음이니, 구세군이니, 성결교회니, 감리교, 장로교, 침례교와 같은 참신하고도 청교도적인 이런 특색 있는 교회 이름들로부터 시작 하게 된 것이 결국 여러 교파로 발전하게 되어, 밖에서 보기에는 잡다한 것 같이 보이지만 <u>교회들이 성경에서 벗어나는가</u>를 서로 감시(監視)함으로 기독 교회신앙의 변질을 막고 또 하나님의 가장 큰 관심사인 전도에 열심히 경쟁하다 보니 <u>복음전파에도 크게 기여</u>해 오고 있답니다.

그러므로 기독교 교파(敎派)는 진리 사수를 위한 부산물일 뿐, 그 신앙들은 ★★<u>예수 중심(십자가 구속과 부활)신앙</u>들이기에 모두가 성경대로 바르게 믿고 행하는 같은 <u>오직 예수, 그리스도(=기독)교회</u>들로, 범세계적으로 발전해 오고 있답니다.

그래서 성경대로 하나님을 바르게 믿고 섬기는 이런 기독교회를 찾아 나오시기를 권합니다. <u>하나님은 지금도 당신의 올바른 판단과 빠른 결심(決心)을 기다리고 계십니다.</u>

4)기적을 못 믿겠다고요?!

예수님이 죽은 자를 살리고, 물 위를 걸었다는 등 그런 성경적인 ✔기적(奇蹟)들을 어떻게 믿느냐고 반문하는 사람들도 많은데 저는 그런 기적에 대해 조금치도 의심이 되지 않습니다. 왜냐하면 생명도 주신 하나님이신데 왜 죽은 사람을 살릴 수 없습니까? 그리고 우주를 창조하신 하나님과 예수님이 우주법칙 중의 하나인 만유인력, 중력을 잠시 경감시키고 물 위를 어찌 걸을 수 없겠습니까? 또 하나님께서 ♣성령의 처녀 잉태 방법으로 우리들의 죄를 대속(代贖)할 원죄(原罪)가 없으신 예수님을 구주(救主)로 탄생시킨 것이 믿어지지 않는다고요?! (마1:23, 히9:28). 저는 그런 능력도 없는 하나님이시라면 믿지 않겠습니다. 그런 전능하신 신(神), 창조주 하나님이시기에 우리는 믿고 의지할 수 있는 것이지요.

★★<u>하나님을 하나님으로 보고 믿는다면 그런 일들은 아무 것도 아니랍니다</u>. 물 위를 걷고, 크고 작은 기적들을 보이신 것은, 중력의 법칙 등 그 많은 우주법칙들을 만드신 바로 그분이 창조주이심을 스스로 입증하고 계신 것 아닙니까!! (요2:11). 아멘!

그런데, 또 ♣**비과학적**이라고요? <u>과학이 무엇인데요?!</u>

<u>과학은 전능하신 하나님께서 완전하신 설계/말씀대로 만드신 많은 우주법칙 중 인간들이 발견하고 있는 것들일 뿐</u>, 인간들의 머리로써 아직까지 미치지 못하는 생명과 영적부분이 더 많음도 알아야 하겠습니다. 지구의 모든 생물, 사람과 식물까지 미립자의 6각 자연생수로 생명력을 월등히 증진하며 강화함이 지구의 남북 자기장(磁氣場)의 효과로 이뤄지고 있다는 이 우주와 생명의 신비(神秘)를 누가 만들어 주었습니까? 또 대 과학자 **뉴톤**과 **파스칼**이 덜 과학적이고 덜 논리적 사고(思考)여서 하나님을 믿었겠습니까?! 과학자일수록 하나님을 더욱 깊이 믿고 있답니다.

"너희는 가만히 있어 내가 하나님 됨을 알지어다 /우리가 주목하는 것은 보이는 것이 아니요 보이지 않는 것이니 보이는 것은 잠깐이요 보이지 않는 것은 영원함이라" 아멘! (시46:10 /고후4:18).

★★또 **죄(원죄)** 중에 잉태한 인간들은 **원죄**를 갖고 태어나지만(✔시51:5, 롬5:12), 성령 잉태로 성육신(成肉身, Incarnation)하신 예수님은; 원죄(原罪)가 없기에 우리를 대속(代贖)할 완벽한 구세주/그리스도가 되셨답니다. 그래서 하나님께서는 처녀잉태의 방법으로 구세주 예수님을 출생시킨 것이랍니다.(마1:18-21, 벧전1:23).

★★**위대한 과학자들의 고백:** 위대한 천문학자 **갈릴레오**는 "하나님은 인간에게 두 권의 책을 주셨다. 한 권은 **성경**이고 다른 한권은 **자연**이다. 성경은 인간이 어떻게 천국에 가는지를 보여 주시고, 자연은 하나님의 솜씨와 임재를 보여 준다"고 하였답니다.(✔롬1:20). 또 물리학자 **보일**은 "시계는 결코 우연히 생길 수 없다. 시계는 목적을 위하여 설계되어 만들어진 위대한 작품이다. 그런데 시계보다 더 정교하게 움직이는 이 우주가 창조주 없이 어떻게 우연히 생길 수 있겠는가?"라고 하였습니다. **하나님의 위대하심과 광대하심을 측량하지 못할지니라!! 아멘!**

> **"예수님을 구주로 영접함으로 천국(天國) 가십시오!**
> **그렇지 않으면 영벌의 지옥(地獄)에 떨어집니다"**

十三. 성경에 예언된 말세의 징조들
〔지금은 임박한 세상 종말의 시기〕

❶ 마귀는 자기들의 때가 얼마 남지 않은 줄을 알므로 더욱 악하게 활동하기에 **세상은✔극악한 일들이 많이 생긴다.** (계12:12).

❷ 국가 간의 분쟁과✔**대형 지진과✔전염병**이 크게 창궐한다(마24:3-21).

❸ 말세에는 **부(富)의✔치우침과 수탈현상**이 극심해진다.(약5:1-5).

❹ **말세 남색과 ✔동성애(同性愛)** 등 ✔**음란**이 극에 달한다.(유7-8).

❺ 많은 사람이✔**빨리 왕래하며✔지식이 크게 더한다.** (단12:4).

❻ 말세는 세상과 가정이 **심히✔고통하는 때**가 이른다. (딤후3:1-5).

❼ **이스라엘✔회복의 예언**이 1,900년만에 이뤄진 기적. (사66:7-8).

❽ **마이크로, 생체 전자 칩(美, ✔베리 칩)**을 통해 인류를 감시 통제, 통합관리하려는 세계 단일(적그리스도)정권 출현의 징조들이 **말세의 결정적인 단서**가 되고 있는데(계13:15-18), 현재 UN과 세계에서 종교결사조직으로 암약하고 있는 ♣**프리메이슨(Freemason)과 일루미나티(Illuminati)**, 곧 딮 **스테이트(Deep-State)**들의 정체와 활동 그 미스터리들에 주목해야 할 때랍니다. "이 예언의 말씀을 읽는 자와 듣는 자와 그 가운데에 기록한 것을 지키는 자는 복이 있나니 때가 가까움이라" 아멘! (계1:3).

주목 美 /**베리, 생체 칩**이 말세 666 /짐승의 표의 시발이 아니기를 바라지만, 화폐나 신분증이 필요 없는 편리함과 시대의 흐름, 원격 진료, '신세계질서'라는 명분으로 우리 앞에 아주 가까이 다가온 유력한 한 징조로, 우리가✔짐승의 표를 받으면 절대 구원을 받을 수 없음을 기억하고(계14:9-12), 현 말세 징조들에 주목하며 ♣복음의 핵심인 오직 예수 신앙, 예수님 재림을 대망하며 끝까지 이겨야 하겠습니다. 그리고 성경의 결론이요 꽃이 될 예수님 재림과 휴거를 위해 깨어 있어야 할 때랍니다.

★★아마도 베리 전자 칩이 '666 짐승의 표'? 마지막 때 제2 선악과의 가능성이 크기에(사34:16), 앞으로 주목 관찰하며 이겨야 할 최신의 항목이 되고 있음을 명심해야 하겠습니다.

"무화과 나무에 싹이 나면 여름이 가까운 줄을 아나니 이와 같이 너희가 이런 일이 나는 것을 보거든(이스라엘 독립!) 하나님의 나라가 가까운 줄을 알라...너희는 스스로 조심하라 그렇지 않으면 방탕함과 술취함과 생활의 염려로 마음이 둔하여지고 뜻밖에 그날이 덫과 같이 너희에게 임하리라...너희는 장차 올 이 모든 일을 능히 피하고 인자(예수님) 앞에 서도록 항상 기도하며 깨어 있으라"(눅21:30-36) 아멘!!

한(韓)민족이 선민인 성경적 근거와 한글의 신묘(神妙)?!

성경을, 어휘가 풍부한 히브리어와 헬라어로 최초 기록케 하시고 예언과 언어들을 숫자로도 예시(豫示)함으로서, 성경의 용어와 단어들이 품는 그 의미들을 더욱 깊고 풍성하게 하여 주고 있는데, 우리 한글의 알파벧 격인 24자의 자음과 모음을 숫자화해서 성경 용어들에 적용해 본 결과 그 용어들의 함의(含意)가 같거나 특별 의미를 확인하며, 말세 선민으로 역사를 예정하고 섭리하시는 전능하신 하나님의 그 임재와 신묘(神妙)!! 한국의 시대적 소명까지 일깨워 주시고 있습니다. ★★구약학 전문인 유석근 목사님의 '알이랑 민족'이란 저서에서, 셈족 계열의 **에벨**의 두 아들 중(✔창10:25), ①**벨렉**은 이스라엘 조상이 되고, ②**욕단**은 해 뜨는 광명의 본거지를 향해 동쪽으로 계속 이동해서 마지막 때 **무지개 민족 한민족**(韓)의 조상/단군으로 나타나고 있답니다. 그리고 한국 언어는 '바벨탑 언어 혼잡'이전, 인류 최초 천상 언어였다는 꿈같은 고증(考證)인데, **한글이 세계 문자 올림픽 경연대회에서 월등한 점수 차로 연속 1위 최우수 문자로 공인**되고, 또 UN 공용어에, 미국과 인도를 비롯, 한글을 제1외국어로 지정하는 국가들이 늘고 있답니다! **코리아**(고려)란 국호가 이스라엘의 크오르 =고려로 '**부르심 받은 백성**'이란 뜻이고, 또 **조선**이란 국호도 영어 Chosen/쵸슨, '**선택 받은**'이란 어원에, 이스라엘 나라의 꽃 **샤론**이 또한 **무궁화**로 한국과 똑 같다니 정말 우연이 아니지요!! 역사를 예정하시고 섭리하시는 하나님의 역사와 세계 경영의 신묘이지요!!

A. 한글의 자음·모음을 숫자로 전환한 조견표(早見表).

자 음:	ㄱ	ㄴ	ㄷ	ㄹ	ㅁ	ㅂ	ㅅ	ㅇ	ㅈ	ㅊ	ㅋ	ㅌ	ㅍ	ㅎ
수 자:	1	2	3	4	5	6	7	8	9	10	11	12	13	14

모 음:	ㅏ	ㅑ	ㅓ	ㅕ	ㅗ	ㅛ	ㅜ	ㅠ	ㅡ	ㅣ	♣모든 것은 수이다
수 자:	①	②	③	④	⑤	⑥	⑦	⑧	⑨	⑩	-(피타코라스)-

B. 한국인 언어와 한글 속에 감춰 두신 하나님의 신묘!!

^{10}창$_{8}$① ^{9}조$_{5}$⑤ ^{9}주$_{7}$⑦ ^{14}하① ^{2}나$^{2}_{5}$ 님⑩ ⇨ **(84)** = 예수 그리스도 ⇨**(84)**

(19) + (14) + (16) + (15) + (3) + (17) ⇨ (84) = 22+14 + 10+14+16+8 ⇨ (84)

실례2. 예수님(53)=사람 하나님(53), 복음의 핵심(109)=오직 예수 믿음(109)!
 (십자가에서 죽어 대속한 예수님은 '참 사람이요, 삼위일체 참 하나님'이셨음을 예증)!

실례3 ★삼위일체 기독신앙(139)=하나님㉟예수님(53)성령님(51)⇨(139)

실례4. 아담(18)=사람(18), 천사(23)=사탄(23 /타락한 천사!)

실례5 ★선 악과(29)⇨깃 발(29)! ✔동성애 죄(77)= 소돔성 죄악(77)

"다시는 (마귀의) 종의 멍에를 메지 말라"★절기성회

 예수님께서는 우리에게 죄와 사탄과 죽음에서 해방을 주는 무한한 자유를 주셨으니, 이 엄청난 자유를 세상 욕심 부리는 육체의 종이 되지 말고(갈5:1), 오히려 서로 사랑하는 사랑의 종이 되라(갈5:13)고 역동적 권고를 하시고 있습니다. 이것을 갈5장 1절과 13절에서; "그리스도께서 우리를 자유롭게 하려고 자유를 주셨으니...다시는 종의 멍에, 곧 그 자유로 육체의 기회(**탐욕의 기회**)로 삼지 말고 (**오히려 반대로**)오직 사랑으로 서로 **종 노릇** 하라"고 권합니다. 하나님께서는 우리들에게 **최고의 자유**(곧 선택의 자유의지)를 주셨음을 꼭 기억하고 항상 말씀을 택하며 순종하는 신앙들을 가져야 하겠슨니다. "자기 목숨을 보전하고자 하는 자는 잃을 것이요 잃는 자는 살리라"(눅17:33)는 예수님 말씀에 ⇨'**사측생**(死側生), **생측사**(生側死)'란 이순신 장군 어록도 같은 맥락의 (神妙/전3:11 **!**).

★★불신자와 신자와의 차이★★
예수님 믿기 전과/예수님 믿고 구원받은 이후의 인간

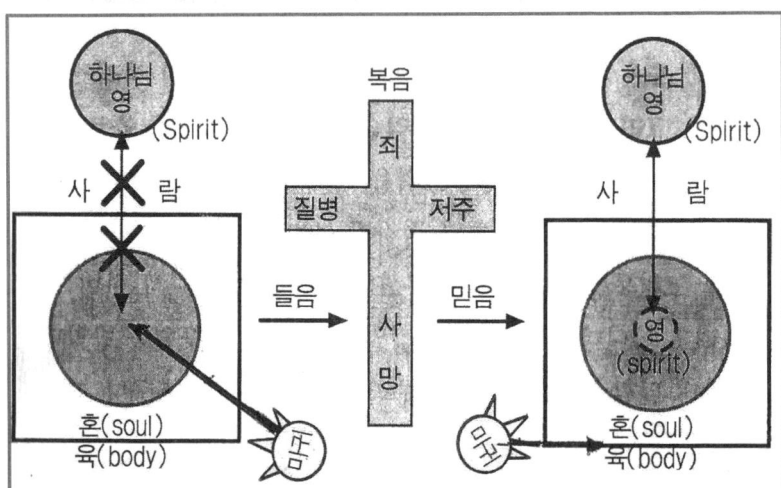

1). **예수님 믿기 전(혼,육)** ⇨ 2). **예수 십자가** ⇨ 3). **믿은 이후(영,혼,육)**

　　　⇩　　　　　　　⇨　　　　　　　⇩
　<불신자/ 죄인>　　<믿어/ 거듭남>　　<신자/ 의인>

❶사람의 **영(靈)**이 죽어 있어(무정란과 같이) │ ❶죽었던 **영**이 성령으로 거듭나서(요3:3-8),
생명의 핵인 하나님의 생명의 씨 곧 성령 │ ❷하나님과의 영적교제가 회복됨. 반면 옛 성품
이 없어 영이 시든 불신자들 /요일3:9), │ ❸아직도 겉사람 육과 혼(지정의)은 계속 관리
❷영이신 하나님과의 영적 교제가 단절되고, │ 되고 치유함을 받아 새로워져야 할 상태임.
❸**혼(魂/곧 지정의(知情意) 마음 정신)**이 │ ❹**의인(義人)**, 하나님의 자녀로 그분 주권아래
심히 부패되고 타락한 상태이며(렘17:9), │ 놓인 천국시민이 되었음(요1:12, 빌3:20). 그런데,
❹**죄인으로 마귀 종이 되고, 지옥행**(롬6:17, 20) │ ❺마귀의 공격 목표로, 틈타지 못하게 영적무장

♣ **성령 충만한 영**으로 속사람 영이, 겉사람 **육과 혼의 지정의**를 성화시키며 뚫고 나아와, 하나님을 세상에 나타내는 하나님 자녀들이 다 되어야 하겠습니다! "내가 너를 세웠음은 나의 능력을 네게 보이고 내 이름이 온 천하에 전파되게 하려 하였음이라"(출9:16) 아멘!!　**(본서 P.24 영혼육의 상관 관계 대조).**

<상기도면; ♣♣♣'그리스도인의 영성관리'에서 인용!>

< 별 첨 >

<전도를 넘어★영적(靈的)인 삶과 신앙 발전을 위해>

㉘기도하고 구하는 것은 받은 줄로 믿는 신앙?!

1. 결승점을 마음에 품고 열심히 노를 젓는 카누 선수와 같이!!

성경에 예언된 것들이 인류사 가운데 증거로 나타나고 있는 것들을 통해 전지전능하신 창조주 하나님이 계심을 확인할 수 있다고 기술한바 있는데, 개인의 신앙경력 곧 기도응답을 통해서도 하나님이 체험되고 있답니다. 성경에 "그러므로 내(예수)가 너희에게 말하노니 무엇이든지 기도하고 구하는 것은 받은 줄로 믿으라 그리하면 너희에게 그대로 되리라"(막11:24)고 하셨는데, 하나님께 중심을 두고 열심히 기도하다 보면(빌2:13), 하나님의 임재와 함께 기도와 믿음과 응답의 상관관계를 인지(認知)할 수 있게 된답니다.

♣마치 **카누(Canoe)경주 선수**가 앞에 지나온 항적(航跡)만을 보며 열심히 노를 뒤로 저어가기만 하면 뒤에 있는 결승점에 도달할 수 있다는 확신과 같이, 하나님의 약속의 말씀들을 믿고 바라며 열심히 부르짖어 기도하고 나아가다 보면 하나님께서는 그 기도대로 응답해 주셨음을 후에 다 확인할 수 있게 된답니다! 마치 평생 5만 번의 기도응답을 받았다는 죠지-뮐러의 고백과 같이!!!

감시와 핍박이 심해 추방까지 감수해야 했던 25년의 중국선교 중 기적 같은 기도응답들이 하나님의 동행을 확인하게 했고(갈2:20), 또 당시에는 불행인 것 같았던 사건들도 다 축복이었음을 경험케 하여 주셨답니다. 하나님은 오늘도 함께 하시고 계십니다.(마28:20, 갈2:20).

①"믿음은 바라는 것들의 실상이요 보지 못하는 것들의 증거니 선진들이 이로써 **증거**를 얻었느니라"(히11:1-2)⇨②"그러므로 내(예수)가 너희에게 말하노니 무엇이든지 기도하고 구하는 것은 받은 줄로 믿으라 그리하면 너희에게 그대로 되리라"(막11:24)는 말씀과 ③또 "예수께서 이르시되 할 수 있거든이 무슨 말이냐 믿는 자에게는 능치 못할 일이 없느니라"(막9:23)란 ✔이 3구절/성경 말씀들을 짝으로 암송하며 자주 묵상함으로 믿음을 계속 확립하고, 또 응답될 때까지 믿음과 기도를 계속 채우시기 바랍니다. 믿은대로 될지어다!!

★★광화문 광장의 '우리는 이겼습니다!'란 영적의미?

성경, 에스더서에 보면; 하만이란 바사제국(현 이란)의 국무총리가 유대민족을 증오해서 이스라엘 백성들을 진멸시키려 음모하고 있을 때, 하나님께서는 아하수에로왕에게 잠이 오지 않게 하여 역대 일기를 읽도록 하였는데, 그 당시 문지기로 있던 유대인 모르드개의 공적을 새롭게 발견케 하여 총리로 발탁함으로, 하만을 반대로 교수대에 세우고 이스라엘 백성들을 극적으로 구원해 주신 하나님의 **대 역전의 역사가 교훈이지요**(✔에6장~9장). 이것은 광화문 광장의 **'우리는 이겼습니다!'** 라는 목사님의 외침과도 같이 한국에서도 지금 그런 <u>역전의 기적들</u>이 일어나고 있습니다. 왜냐하면 이것은 기도하는 목사님이 '기도하고 구하는 것은 받은 줄로 믿는 선포'이시며, 또 "네 믿은대로 될지어다"하시는 하나님의 역사로 하만의 음모세력들이 노출되고 자폭하는 역전의 현상과 기적들이 지금 한국에서도 일어나고 있는 것들이 다 그 증거 아닙니까?! ★**이것이 믿음과 기도의 위력인데; 우리도 기도하고 구하는 것을 다 받은 줄로 믿는 이런 신앙들이 다 되시기를 바랍니다.**
≪본서 P. 116, **'믿음의 결론(結論)과 믿음의 결국은 구원'** 꼭 참조!≫
"여호와의 구원하심이 칼과 창에 있지 아니함을 이 무리에게 알게 하리라 전쟁은 여호와께 속한 것인즉" <u>우리는 이겼습니다!</u> 아멘! (삼상17:47).
★**우리의 신앙이 인간적 사고를 넘어 계시적 신앙들이 되시기 바랍니다.**

㉙ 신·구약 성경을 관통하는, 오직 예수·구속사

우리는 '<u>구약은 율법, 신약은 은혜</u>'라고 통상 정의해 왔는데, ★★신·구약을 통틀어 **❶오직 예수 ❷오직 믿음 ❸오직 하나님의 은혜임**'을 구속사(救贖史)가 증거해 주고 있습니다.

1). **오직 예수**에 의한 구원은; 아담이 타락한 직후 하나님께서는 ① **여자의 후손**을 통한 인간구원 **'최초은혜언약'** 곧 원복음(창3:15)을 선포하신 후, ② 바로 **가죽 옷**으로 죄의 수치를 가려주셨는데(창3:21), 이것은 어린양 예수십자가✔**대속(代贖)**을 예표하며, ③ 이것을 **아브라함의 씨** 곧 그 후손(메시아 예수)를 통한 구원을 구약에 약속하면서(창22:18), ④ "흑암에 행하던 백성이 **큰 빛**(예수님)을 보고…이는 ♣한 아들을 우리에게 주신바 되었는데…전능하신

하나님이라…만군의 여호와의 열심이 이를 이루시리라"(사9:1-7)
선포 하시고, ⑤ 이렇게 **구약 전반을 통해 300회 이상 언약(言約)과
예언과 예표로 장차 오실 구세주, '메시아 언약'**(사9:6, 사53:4-6)과
다윗의 후손을 통한 구세주 출생을 예언으로 언약 하시고는,

⑥ 그것을 신약시대 실체(實體)인 그리스도 **예수**로 오셨고(마1:23),

⑦ 또 예수님은 십자가에서 **구속(救贖)**을 "**다 이루었다**"(요19:30)
선포하신 후 **부활(復活)** 승천 하셨는데,

⑧ 이제는 조만간 **재림(再臨)**하셔서 세상을 종말심판하시고
"**다 이루었도다 나는 알파와 오메가요 처음과 나중이라**"(계21:6)
하시면서 영생천국(永生天國)의 완성을 선포하실 것입니다.

그래서 예수님께서도 신·구약 성경이 다 나에 대한 기록이라
친히 말씀하셨는데(요5:39, 46),　♣♣상기 "**여자의 후손**(예수
님)에 의해 구원을 **이루시겠다**"는 하나님의 약속과 결심, 곧 메
시아 언약(言約)인 예수 구속사(救贖史)가 신·구약을 관통(貫通)
하고 있음에 주목(注目)하실 수 있기 바랍니다.　　　그래서

★★ 성경의 핵심은 구속사(救贖史)이며, 구속사의 중심은
바로 예수 그리스도이십니다. 그러므로 **성경의 핵심은 구속주
(救贖主)이신 '오직 예수로 천국을 완성'** 한다는 것입니다.

2). 다만 구약시대 **율법**을 중도에 ✔가입(加入)시킨 것은?

①무엇이 죄이며, ②또한 인간들이 죄인임을 스스로 깨닫고, 자
기들을 구해 줄 구세주(예수님)를 찾아 가도록 인도하기 위한
몽학선생 /가정교사(갈3:24) 역할을 위해 율법을 주셨음도 성경
은 분명히 하고 있습니다(롬5:20, 롬7:7, 요1:17). 그리고 예수
님 탄생 7백여년전 한 아들(독생자)로 하나님께서는 이 세상에
직접 오실 것을 약속하시고(✔사9:6)는, 신약의 임마누엘 예수로
구원의 길을 열어 주시고 있답니다(마1:23). 이것을 "그리스도
는 모든 믿는 자에게 의(義)를 이루기 위하여(**십자가 대속과 부
활로**) 율법의 완성과 마침이 되시니라"(롬10:4)고 하셨습니다.

이것이 하나님 속에 감취었던 '비밀한 경륜'(예정, 계획,/엡3:8-12)
곧 **인류 구원의 마스터 프랜(설계도)**이신데, "내가 말하였은즉
반드시 이룰 것이요 계획하였은즉 반드시 시행하리라" 말씀하신

예언 그대로 이십니다(사46:11). 이렇게 완벽하신 하나님의 구속사(救贖史) 가운데 우리는 구원의 핵심이 되시는 그리스도 예수님께 초점을 맞추는 '오직 예수 신앙'으로 매진해야 하겠습니다.

3). 또 <u>오직 믿음</u>에 의한 구원도; 모세에게 *행위언약인 율법을 주시기 430년 전, ♣이미 "아브라함이 하나님을 **믿으매** 이것을 의(義)로 여기시며 믿는 자들의 조상으로 삼는 **은혜언약**"(창15:6, 갈3:6-9)을, 곧 ★★**신·구약 성경이 일관되게** ❶**오직 예수** ❷**오직 믿음** ❸**오직 은혜**임을 증거 해 주시고 있습니다.

"너희는 그 **은혜**에 의하여 **믿음으로 말미암아 구원**을 받았으니 이는 너희에게서 난 것이 아니요 **하나님의 선물(은혜)이라** /이는 아무 육체도 하나님 앞에서✔자랑하지 못하게 하려 하심이라" 아멘!(엡2:8 /고전1:29). 그래서 **성경을 한 말로 요약하면 오직 예수**, 곧 ①. **구약**은 오실 예수, ②. **신약**은 오셔서 구속하시고 부활 승천하신 **구세주 예수**, ③. **미래**는 다시오셔(재림) 영생복락의 천국을 완성하실 **심판 예수**이십니다. (계21/22장). 아멘! 아멘!!

4). ★**기독 신앙 핵심: 첫째** ①**하나님 경외에,** ②**오직 예수 신앙;** '오직 예수(구원)신앙'만을 강조하다 보니 구약 율법 신앙을 간과하기 쉬운데, 모세 오경을 시작으로 한 핵심을 기억하며 구원을 확립하고 삼위일체 신앙을 기본으로 삼아야 하겠습니다.

★★그래서 우리의 '오직 예수 구원시앙'이; ❶수직으로는 창조주 하나님을 ✔**경외**(敬畏, 곧 떨며 두려움하며 최고로 존경)하는 구약 신앙에 기초를 두고, 또 ❷수평으로는 신약의 **오직 예수님을 통한 십자가 구원 신앙**이 되어야 하겠습니다.

이것을 모세는, "이스라엘아 들으라(**쉐마**) 우리 하나님 여호와는 오직 유일한 여호와이시니 너는 마음을 다하고 뜻을 다하고 힘을 다하여 네 하나님 여호와를 사랑하라...이 **말씀**을 너는 마음에 새기고 네 자녀에게 부지런히 가르치며...이 말씀을 강론할 것이며 너는 또 그것을 네 손목에 매어 기호를 삼으며 네 미간에 붙여 표로 삼고 또 네 집 문설주와 바깥 문에 기록할지니라"(신6:4-9). 구약의 핵심이요 모세를 통한 선언이십니다.♣그러므로 우리들의 **신앙은 항상 성경과 하나님 중심에, 오직 예수님이어야 한답니다.**

㊿ 인간 구원과 천국건설을 위한 **천상설계도!**

　조그마한 집 한 채를 지어도 우리는 먼저 설계도를 만들고 시작하는데, 이 오묘 광대한 우주 만물창조와 하나님의 백성들을 구속하고 영생복락의 천국을 건설하는데 완벽하신 하나님께서 설계도 없이 거저 주먹구구식으로 시작하셨겠습니까(히3:4)?!

　그 하나님의 설계도가 곧 성경말씀인데, 우리가 꼭 알아야할 설계도는 ❶천지창조와 ❷복음의 핵심인 예수 그리스도를 통한 인간 구속 곧 **천국백성 형성**과 ❸영생복락의 **천국 건설**이시랍니다.

★★ 하나님께서는 3편의 설계도를; 구약의 ①시내 산에서 모세에게 "예수 그리스도의 예표(豫表)"인 ❶**성막**(聖幕)을 처음 보여 주시고는 **식양**(✔式樣, 곧 설계도)대로 짓게 하셨고(출26:30), 또 신약의 ②사도 바울에게는 셋째 하늘까지 보게 하여(✔고후12:2-4), 로마서를 비롯해서 신약의 13개 서신서로 구원의 핵심인 "오직 예수 그리스도를 믿음으로 말미암아 구원을 받을 수 있다는 예수 구속복음으로"(✔롬1:17), 하나님의 설계도 곧 ❷**구속사**(救贖史)를 구체적으로 해설해 주셨으며, 또 ③마지막으로 예수님이 사랑하시는 제자 사도 요한을 통해서는 요한 계시록을 기록케 하여(✔계1:1-2) '거룩한 성, 새 예루살렘'으로 ❸**영생복락의 천국**(永生天國)의 설계도와 완성을 성경 말씀으로 자세히 해설해 주시고 있답니다. (✔계21:1-27).

★★그러면 성경(聖經)이 어느 정도의 설계도(設計圖)인가?!
세계 각인의 유전자/생명들로부터 인류의 구원과 영생복락의 **천국**을 건설할 창조주 하나님의 일점일획도 변개할 수 없는 완벽하신 그런 설계도이신데 어떻게 이 우주 만물과 사람들의 **설계도**(=성경말씀)들을 역행할 수 있겠습니까? 이 말씀들을 무시하면 우주 법칙들과 우주만물들이 계속 변형되고, 사람들은 다 죽어갈 수 밖에 없다는 것입니다. 그래서 우리는 성경 말씀들을 다 따르며 꼭 지켜야 한답니다

★★그런데 천상 설계도인 하나님의 성경 말씀들은; '예수님 재림과 함께 성경의 결론'으로 백보좌 심판을 거쳐 하나님을 반역하던 사탄과 그를 추종하던 거짓 선지자들과 불신자들 모두를 영벌고통의 불못/지옥에 던지고 **영생복락의 천국을 완성하신다는** ★성서의 **결론**이십니다.

〈확고한 믿음을 위해 **성경**이 우주만물의 설계도란 인식전환이 꼭 필요합니다〉

㉛ ①십자가를 지고 따르며, ②예수님을 닮아가는 ★★이상적인 신앙은?? 신앙생활의 핵심이요 목표인 것은 분명한데, 명쾌한 답(答)을 제시하기는 그리 쉽지 않은 것 같습니다. 그래서 바른 신앙을 위해 한번 정리해 보고자 합니다.

예수님께서는 **성경**(마11:28-30)에, "나는 **마음이 온유하고 겸손하니 나의 멍에를 메고 내게 배우라 그러면 쉼을 얻으리라**"고 하셨는데, 이 멍에를 메고는 곧 십자가를 지고와 같은 의미로, 이는 바로 ① "**십자기를 지고 나를 따르라**" 는 말씀과 같고, 또 **예수님의 마음인 온유와 겸손을 배우라**고 하셨으니, 바로 예수님의 **마음/성품**인 이 온유와 겸손을 배워 실천하기만 하면 ② "**십자가를 지고 따르며, 예수님을 닮아가는 신앙이 될 수 있다**" 는 것이지요. 그런데 이 온유와 겸손을 실천하는 데는 그리 쉽지 않은 십자가가 될 수 있다는 것입니다?!

성경에서 ♣**온유**는 바로 하나님의 말씀에 길들여져 말씀 순종의 삶을 의미하는데, 그래서 순종의 삶은 "들어가도 복을 받고 나가도 복을 받으며, 또 온유한 자는 저희가 땅을 기업으로 차지하는 복을 받을 것이라"고 하셨으니(✔신28:1-14, 마5:5), 세상의 모든 복을 받을 수 있는 조건이 되고 있습니다. 그리고

♣**겸손**은 온유하게 더 낮아지는 예수님의 성품이요, **기독신앙의 덕목/**✔**행위**인데, ♣♣♣**구약**(잠22:4)을 보면; "①**겸손**과 ②**여호와를 경외함의 보상**(報償)은 ❶재물(財物)과 ❷영광(榮光)과 ❸생명(구원)이니라"고 하셨으니 겸손과 하나님을 경외하며 순종하는 온유한 신앙일 때 현세와 내세의 모든 복(곧 땅을 기업으로 차지하며, 재물과 영광과 생명)을 받을 뿐 아니라, 이것은 또한 예수님께서 말씀하신 **멍에를 메고 곧 십자가를 지고 따르는 신앙과 예수님을 닮아가는 이상적인 신앙**(理想的 信仰)이 될 수 있다는 것입니다.

★★ 성경에는 다 ✔짝이 있다고 하였는데(사34:16), ①**마태복음 11장 28-30절**과 ② **잠언 22장 4절**의 이 두 말씀을 짝으로 하고 열심히 행하기만 하면, ❶십자가를 지고 따르며, ❷예수님의 성품을 닮아가는 성공적 신앙이 될 수 있다는 **결론입니다. 곧** ✔**하나님을 경외**(두렵고 떨림으로 최고로 존경)**하는 마음 가운데,** ♣**예수님의**

성품인 **온유와 겸손**한 마음으로 열심히 순종하면 된다는 것이지요. 그래서 예수님께서는 "나는 **마음**이 온유하고 겸손하니 나의 멍에를 메고 내게 배우라"고 말씀하셨고, 이것을 **짝**으로 주신 구약(잠22:4)은 "①겸손과 ②여호와를 경외함의 보상(報償)은 ❶재물(財物)과 ❷영광(榮光)과 ❸생명(구원)이란" 이생과 내세의 영적 물적 모든 복을 받는 축복된 신앙의 삶이 될 수 있답니다. 그래서 ①십자가를 지고 나를 따르라고 하신 예수님의 말씀과 ②예수님을 닮아가는 삶은; ❶온유와 ❷겸손과 ❸여호와 경외함의 이 세 말씀을 명심하고 실천함으로 성취할 수 있답니다. 여기서 또한 이 세 말씀 속에는 ❹순종이 전제 /함축되어 있음을 명심하며 순종의 삶을 살아야 하겠습니다. 곧 ✔**온유와 겸손과 여호와 경외함과 순종에 초점을 둔 삶**입니다. 그런데 이것이 인간의 생각과 결심과 노력만으로 이룰 수 없으며(슥4:6), **평소 말씀과 기도로 성령 충만한 균형 잡힌 신앙생활 가운데 성취될 수 있다는 결론입니다.**(딤전4:5). **총명 있는 자들은 깨달을진저!!** 그래서 ♣우리들은 기도하며 찬양합니다. '하나님의 예정이 나의 비전이 되고, 예수님의 성품이 나의 인격이 되고, 성령님의 권능이 또한 나의 권능이 되기를 소망하며, 기도와 찬양을 드립니다. 아멘!!

㉜ 온전한 구원 신앙 = 예수①십자가 대속 신앙과 + ② 부활 신앙

①**십자가의 피**로 죄인이 치러야 할 죄의 값을 예수님이 대신 치러 주셔서 속죄와 합법적인 구원의 길이 열렸고(엡1:7), 또 ②죄값으로 온 **죽음**도 **부활**로 마귀의 사망 권세 곧 죽음의 법칙을 깨고 구원의 길을 완성 하여 주셨습니다(히2:14). 곧 ❶**예수님의 십자가 대속은 속죄를 보증하고, ❷예수님 부활은 우리를 의롭다**(칭의)하며, 하나님의 새 생명 곧 성령을 주사 영생 천국으로 이끌어 주시고 있답니다(고후1:22). ★★**그래서 ①예수님께서는 우리를 대속하기 위해 돌아 가셨고, ②칭의(稱義)로 구원을 확증하며, 인간들의 부활을 보증하고, 우리와 함께하시는 구주가 되시기 위해 부활(復活)하셨습니다.** 이것을, "예수는 ❶우리가 범죄한 것 때문에 (**십자가에**) 내줌이 되고(代贖), ❷또한 우리를 의롭다(稱義) 하시기 위하여 (**부활**)살아나셨느니라"(✔롬4:25)고 말씀하셨습니다.

그래서 우리는 **십자가 대속 신앙**에 + **부활 신앙**을 함께 붙드는 신앙이여야 완전한 구원 신앙이 됨을 꼭 기억하고, 더욱 우리와 함께 하시는(갈2:20) **예수님의 부활 권세**를 힘입고 죄와 사망의 마귀권세를 대적하며 흔들림 없는 확고한 믿음, 성공적인 신앙을 이뤄 가실 수 있기 바랍니다 (고후5:17). 초대 교회 사도들은 예수님 **부활권세**를 선포함으로 능력 있는 복음사역이 이뤄졌음을 성경 / 사도행전이 입증하고 있는데, 사탄의 활동들이 강할수록 부활신앙으로 더욱 적극 대적해야 하겠습니다(약4:7). ✔**십자가**는 속죄와 구원의 확신을, **부활**은 예수님이 늘 우리와 함께 하신다는 임마누엘 신앙(갈2:20, 마28:20)으로, 능력 있는 신앙이 될 수 있기 바랍니다.

㉝ 하나님 안에서 고난의 연단(鍊鍛)은 성도들의 ★★필수과목!

성경적 인물 중 '내 마음에 합한 자(행13:22)'라는 하나님의 칭찬을 받은 다윗 왕이었지만 그는 결코 평탄치 않은 일생이었습니다. 핍박과 위험의 연속이었기 때문입니다. 그러나 그 고난들이 하나님의 은총이였었다는 그의 마지막 자백인데(시편119편 67절 ⇨71절 ⇨75절로 이어진 고난의 고백), **결국 시119:75**에서, "여호와여 내가 알거니와(**드디어 깨달은 것은**) 주의 판단은 의로우시고 주께서 나를 괴롭게 하심은 성실하심 때문이니이다"라는 그의 최종 고백이 증거하고 있습니다.

그래서 **하나님 안, 예수 안**에서 라면 그 고난의 의미가 절대 헛되지 않습니다. 핍박과 고난을 통한 선교와 전도는 하나님의 방법**으로(사도행전)**, 개인적 체험으로도 선교를 더 이상 지속할 수 없었던 핍박의 시기가 더욱 놀라운 기적과 은혜의 계기가 되었었답니다. 형통을 통해서는 조금 배울 수 있지만 고난을 통해서는 모든 것을 배우게 된답니다. 그래서 ★★성경(히12:5-13)에 **받으시는 아들마다 채찍질한다고** 한 것과 같이, 고난의 연단은 성도들의 ★**필수과목**으로, **겸손과 순종의 신앙으로 결실**케 하십니다(행14:19, 22). "그가 나를 단련하신 후에는 내가 순금 같이 되어 나오리라" (욥23:10).

✪고난의 연단을 인간 천사들을 통해 계속 깨닫게!!

욥기33장을 보면, 사람들로 교만을 버리고 생명의 빛에 이르도록 하나님께서는 **일천천사**(많은 사역자들 곧 **인간천사들**)을 해석자들로 삼고 고난과 회복의 의미를 인(印)치 듯 일깨워주고 있는데도 깨닫지 못하는 경우가 많다고 하셨습니다.(✔욥33:12-30). 이런 것들을 "창세로부터 그의 보이지 아니하는 것들 곧 <u>그의 영원하신 **능력**과 **신성**이 그가 만드신 만물에 분명히 보여 알려졌나니 (거기에 인간들의 전도도 있으니) 그러므로 그들이 **핑계**하지 못할 지니라</u>"(롬1:20)고 말씀해 주시고 있습니다. 얼마나 분명합니까?!~

㉞ 선행이 아닌, '믿음'을 왜 의롭다하며 구원해?!

★★**독선**(獨善), 홀로 선하시고 공의로우신 하나님은 극히 선한 정도가 아니라 **절대 선**(絶對 善)**하시고 절대 의**(義)**로우신 분**이시기에, ❶그분이 말씀하신 것은 다 옳다고 믿고 그 말씀(약속과 그 인격)에 순종하며 따른다는 것은 바로 그 창조주 하나님의 **완전한 절대 선과 의**를 받아들이는 것이 되고, 또한 ❷예수님 십자가 대속의 공로와 부활을 믿는 **믿음**도 **완전한 속죄로 완전한 의**가 되며, 또 ❸**말씀**은 곧 하나님이시며 말씀이 육신이 되어 오신 예수님이시라고 하셨으니, ❹**하나님과 예수님과 말씀**을 근거로 믿는 것은; 하나님 앞에 완전한 ★**삼중 칭의**(義)가 되어 '**믿음**으로 의롭다 함을 받고 절대 구원에 이룰 수 있다는 성경 말씀이십니다.

이것을 성경은 "<u>**복음에는** 율법(선행) 외에 **하나님의 한**★**의**(**義**, **곧 예수**)가 나타나서 믿음으로 믿음에 이르게 하나니, 오직 의인은 **믿음**으로 말미암아 살리라(롬1:17) /곧 예수 그리스도를 **믿음**으로 말미암아 모든 믿는 자에게 미치는(전가된) **하나님의 의**(稱義)니 차별이 없느니라</u>"고 하셨습니다. (롬3:20-24). 아멘!

♣**마틴 루터**는 이 **믿음**을 인간 편에서 **믿음**으로 반응해야 함을 바탕으로 하고 있지만, **칼빈**은 그 **믿음**조차도 하나님의 예정으로 택하심의 섭리와 성령의 인 치심에 따라 주시는 <u>하나님의 선물, 곧 하나님의 **전적 은혜**</u>임을 말하고 있습니다(엡2:8-9).

★★그래서 **예수 믿음**으로 영혼이 성령으로 거듭나서 가는 곳이 **천국**입니다. 그래서 우리 어린이들은 이렇게 찬송들을 합니다

> ① **돈**으로도 못가요 하나님 나라, **힘**으로도 못가요 하나님 나라
> (후렴) 거듭나면 가는 나라 하나님 나라, **믿음**으로 가는 나라 하나님 나라
> ② **벼슬**로도 못가요 하나님 나라, **지식**으로도 못가요 하나님 나라
> (후렴) 거듭나면 가는 나라 하나님 나라, **믿음**으로 가는 나라 하나님 나라
> ③ **어여뻐**도 못가요 하나님 나라, **맘 ✔착해**도 못가요 하나님 나라
> (후렴)거듭나면 가는 나라 하나님 나라, **믿음**으로 가는 나라 하나님 나라

★★믿음의 결론과 믿음의 결국은 구원! ★★

다양한 사람들에게 성경이 역설적이거나 이해되지 않는 부분이 있을 수 있겠으나 하나님은 ❶일점일획도 변개할 수 없는 완벽한 설계도인 성경 말씀대로 우주만물과 우주법칙들을 확정하시고 인간들 유전자까지도 설계/창조하고 관리하시는 **창조주**이신데 ❷그런 완전하신 하나님 앞에서 우리는 이의를 제기할 수 없는 **피조물인 주제**에(✔롬9:19-24), 하나님 말씀에 토를 달지 말고, 완벽한 설계도인 성경말씀과 전지전능하신 하나님 앞에 **절대 순복**하는 **구원**의 **믿음**들을 가져야 하겠습니다. 이런 창조주/하나님을 믿으면 '내가 믿습니다'하며 애쓰지 않아도 그 성경 말씀이 다 믿어진답니다. 그래서 예수님께서도 "하나님을 믿으니 또 나를 믿으라"(요14:1)고 하셨고, 또 성경도 "**믿음의**✔**결국** 곧 영혼의✔**구원을 받음이라**"(벧전1:9)고 하셨습니다.

★★성경은 우주만물의 설계도: 우리는 확고한 믿음을 위해 먼저 성경(聖經)이 ❶전지 전능하시고 완전하신 하나님의 말씀인 것과, ❷또 일점일획도 변개할 수 없는 우주만물의 완벽한 설계도란 확고한 인식전환이 꼭 필요하답니다.(출26:30). 그런 사고일 때, 앞에 말한 천국 구원 받는 삼중 칭의 성경말씀에 2중 증거로 보강되어 믿음이 더욱 확고해 져서 하나님의 형상인 자유의지를 잘못 사용함으로 저주를 자초하는 일이 없을 것입니다. 이것이 믿음의 결론이요 그 "믿음의 결국 곧 영혼의 구원받음이라" 아멘!

★★《본서 P.111 성경이 '인간구원과 천국건설을 위한 천상설계도' 참조》.

㉟ 기적을 창조하는 기도응답의 Ⓐ Ⓑ Ⓒ;

1. **큰 믿음과 산 믿음** ❶먼저 우주보다 크신 전능하신 하나님이 바로 ✔내 친아버지로 바라보는 ※**큰 믿음**(마7:11)에, ❷부활하신 예수님이 지금 나와 함께 하시고 있다는 ※**산 믿음**(갈2:20)으로 ✔자기 정체성을 인식하며, ❸열심히 기도 분량을 쌓다 보면 응답받거나, 지속적인 기쁨과 평안, 또한 소원을 두고 계속 기도하게 하십니다.(빌2:13).아멘

2. **기도응답의 Ⓐ Ⓑ Ⓒ**; 그래서 Ⓐ "우리는 먼저 기도로 구해야 합니다. 구하여도 받지 못함은 정욕으로 쓰려고 잘못 구하고 있기 때문이며"(약4:2-3), 또한 Ⓑ 결말을 본 욥과 같이, 기도응답 받을 때까지 찾고 또 구하며(약5:11 마7:7), 또 Ⓒ 하나님은 엘리야와 같은 대선지자, 목사/능력자들에게만 큰 기도응답을 주시는 분이 아

니고 평범한 우리에게도 똑같이 주신다고 말씀하셨으니(약5:17), ①**확고한 믿음**과 ②**인내의 기도**만이 필요합니다. 여기서 우리가 꼭 기억해야 할 사실은 이 모든 것이 "예수님✔안, 곧 능력 주시는 자✔안에서 내가 모든 것을 할 수 있다"(빌4:13)는 **큰 믿음**과, 우리가 기도할 때 하나님께서는 함께 하시며 일하신다는 **산 믿음**입니다.

♣기도를 통해 하나님께 나아가고 ✔기도는 극한의 고난, 십자가를 감당할 수 있는 용기와 하나님의 능력으로 덧입혀 주십니다. 그리고 하나님께서는 우리가 원하는 것 대신 필요한 것을 먼저 주시며, 죄와 사망을 이기는 **성령충만 /예수생명**으로 채우십니다.

3. 꼭 응답되는 기도는; 하나님의 **뜻**대로 기도해야 하는데(마6:33), 그것은 "나를 비롯해…원수까지도, ✔긍휼히 여기"는 마음(마5:7, 시51:1)으로 다른 사람들에 대하여서도 원통한 마음이나 미움 대신에

★★용서와 불쌍히 여기는 마음'에서, 저주가 아닌 ✔**축복 기도**를 할 때 착한 상대에게는 축복으로 응답되고, 악한 원수에게는 그 머리에 숯불을 쌓는 주의 징벌로 나타난다는 것입니다. 이것이 악을 선으로 이기는 하나님의 방법이라고 말씀해 주시고 있습니다.(롬12:14-21).

4. 그리고 "하나님께서 축복을 예비하고 계실지라도 우리는 그것들이 이뤄지기를 위해 기도하라" 말씀하시고 계십니다. (겔36:37).

㊱ 예수님 이름 권세와 그리스도인들의 ☎영적 권세:

'**그리스도란 기름 부음을 받은 자**'란 뜻, 곧 하나님께서는 죄인들을 구원해 주기 위해 구약시대는 ❶하나님께로 인도하는 **대 선지자/예언자**(모세, 이사야, 등)를 비롯, ❷속죄 제사로 구속을 대행하는 **대 제사장**(아론)과, ❸나라를 통치하는 왕들(다윗왕 등)의 머리에 기름을 부어 국가통치자로 신적 권위를 부여하고 함께 하신 하나님께서는, 독생자 예수님에게는 상기 3가지 기름부음을 받은 그리스도로 보내 친히 십자가의 속죄 제물이 되셔 대속하시고 부활하서 땅과 하늘의 모든 권세를 받으신 **그리스도(=기름 부음 받은 자) 예수(=구주/마1:21)로 구세주**가 되게 하셨습니다. 그래서 ♣예수를 구주로 영접한 그리스도인들도 성령으로 기름부음을 받은 **왕 같은 제사장들**로서(벧전2:9), 함께 하시는 예수 그리스도의 이름 권세와 십자가 속죄의 피와 부활 권세로 명령하며 선포할 때 죄와 사망의 권세 잡은 자 마귀들이 항복하고 물러가는 기적들이 일어나고 있답니다. 그래서 **그리스도인들**은; ①.사

도들이 한 것과 같이, "예수 그리스도의 이름으로 일어나 걸어라"(행3:6)고 명령할 때 병자들과 앉은뱅이가 일어나는 기적이 일어나며, ②.또 "예수 그리스도의 이름으로 내가 네게 명하노니 그에게서 나오라 하니 귀신이 즉시 나오니라"는 기적 등(행16:18). ③.이 모든 기적들은 "믿는 자들에게는 이런 표적이 따르리니 곧 그들이 내(예수) 이름으로 귀신을 쫓아내며…병든 자에게 손을 얹은즉 나으리라"는 **성경 약속(곧 하나님의 법 /성경)** 대로 기적들이 실제 일어난다는 것입니다. (✔막16:17-18). 아멘!

'회복과 치유의 법을 선포하라' ♣♣♣ 강력한 마귀들의 진을 파하는 명령과 선포기도의 실례!

재판정에서 판사가 법률에 근거하여 판결문을 낭독하고 망치로 ♣'땅땅' 선고하면 그것을 어느 누구든 불복할 수 없는데, 하물며 하나님께서 정한 우주의 절대 법인 성경의 말씀(법)에 근거하여 죄와 사망의 마귀 권세를 깨뜨리신 **예수님의 이름과 피와 부활권세**로 선포하며 명령할 때, ❶죽음의 영 ❷음란/우상의 영 ❸가난의 영(마귀)들을 추방해 오고 있는 **이성희 변호사, 이화영 목사, 김종주** 원장의 모범 기도를 소개하니 영적 실생활에 활용 바랍니다.

❶.★★ '예수의 이름과 예수의 피로 명하노니 나에게, 우리 자녀들에게 역사하는 불신앙의 영, 불안의 영, 좌절의 영, 낙심의 영, 질병의 영, 우울의 영, 가난의 영(마귀)들은 결박되어 떠나갈찌어다' (곧 왕 같은 제사장인 성도들이 선포할 때, '땅 땅' 효과로 나타납니다). (**이성희** 변호사 저, '**하나님의 법**' 참조).

❷.♣♣♣ '예수님 말씀(✔요6:53-58)을 좇아 예수님의 피를 마십니다. 예수님 피로 덮으소서!' (**이화영**목사 저, '**이것이 전인치유다**' 참조).

❸.★★ (양촌 치유 센터 **김종주** 원장의 십자가 보혈 선포기도에 주목!) ❶'죄성과 탐욕, 생활환경(농약과 방부제 식품첨가제)들로 오염된 썩고 더러운 내 피를 뽑아내 주시고 나를 위해 흘리신 예수님 보혈로 수혈해 주십시오!'라고 6개월을 기도했더니 어린이 피와 같이 맑고 깨끗하게 되었다는 간증들입니다. ❷예수님 보혈을 나와 우리 전 가족에게 뿌리고 바르고 덮으며 쏟아 붓습니다. 등' 이런 보혈기도와 선포를 계속했을 때 놀라운 기적들이 체험되고 있답니다. 곧 성령으로 기름부음을 믿고 성경(**천국의 법**)대로 선포할 때 저주의 영(귀신)들은 물러간답니다. 『예수가 함께 계시니 시험이 오나 겁 없네

원수 마귀 쫓겨 가기는 예수 이름 듣고 겁이 남이라』 아멘!/찬송가!

㊲'오직 예수' 구속사(救贖史)신앙에, 구원론(救援論)들?

1. 정통 기독교회들의 구원론(救援論): '오직 예수 구속사(救贖史)'에 대해, 본서 앞에서 기술한 바와 같이 '오직 예수' 구속신앙대로 예수님을 믿기만 하면 절대 구원을 받게 된다는 데는 변함이 없지만, 성경의 난제 난해(難題難解) 구절들로 말미암는 구원론들이 우리들의 믿음과 신앙생활에 혼란을 주고 있기에, 행위구원과 연옥설을 주장하는 <u>잘못된 천주교구원론/신앙</u>을 배격하며 나선 정통 기독교회 구원론으로; ❶.'인간의 자유의지에 의한 선택이란 **알미니안주의 구원론**(감리교)'과 ❷.'택정과 예정으로 하나님의 전적 은혜임(엡2:8)'을 주창하는 **칼빈주의 구원론**(장로교)이 맞서 오던 중, ❸.최근 성령세례를 체험하며 성경의 난제 난해 구절들이 해석되는 은혜로, '<u>한번 거듭난 영생은 절대 지옥에 가지 않는다'(요10:28, 고전5:5)</u>라는 이화영목사 **성경주의 구원론**이 나왔으니 참고하시기 바랍니다. 유튜브 검색→'전종빈'→✔제19단원 **"성경의 난제(難題)들"** 참조하시기 바랍니다!!

2. 완벽하다는 성경 속에 왜 이런 난제난해 구절들이 있을까요?! 구원론에 차이가 생기는 것은 성경이 구약은 히브리어, 신약은 헬라어로 원본이 기록된 뒤, /다시 필사본들로 퍼지고, /그 후 다시 라틴어와 독일어, <u>영어로 번역</u>되고, /그것들이 다시 세계 각국어로 번역되는 과정에서 조금씩 변질이 생겨, **히브리와 헬라어 원문 성경들**을 대조하지만, 그것도 불완전한 인간들의 머리로 하나님의 말씀을 정확히 알 수 없는 부분도 많아(슥4:6) 신학 논쟁들도 생겨나고 있답니다. 그 중에 영어 ★★번역본을 한국어 성경으로 번역하다 보니 개역/개정 성경까지 나왔고, 특별히 **영혼육**(靈魂肉)의 분별에 따라 은혜와 구원, 선행과 상급으로 나뉘는데, 그 구별이 불분명한 난제 난해(難題難解) 성구들이 많아서 그 의문들이 풀리지 않고, 또 영문 성경들은 영과 혼(Spirit와 Soul)이 구분되어 있기에 혼란이 적은데, 중국과 한국어 성경만이 유독 영혼으로 묶어 번역 되어 있는 곳이 많아 더욱 혼돈이 가중되고 있답니다. 그래서 이 모두는 신학자들에게 맡기고 우리들은 **성경주의(聖經主義) 구원론**과 함께, 예수님을 믿으면 절대 구원을 받을 수 있다는 이 '**오직 예수**' 신앙으로 매진할 수 있기를 바랍니다.

★★< 신앙 성장과 복 받는 조건들! >★★

1). **복(福) ♣받는 우선순위로;** "하나님의 나라와 그의 의를 구하라 그리하면 이 ✔모든 것을 너희에게 더하시리라" 약속하셨음도 명심하며(마6:33), 하나님 제일주의 신앙으로 매진합시다!

2). **기도와 ♣응답에 대한 암시?** 하나님의 뜻을 구하며 기도할 때 내주하시는 성령님께서는 우리 마음속에 ❶소원을 두고 행(기도)하게 하시고(빌2:13), 또 ❷응답의 내적 징조로 먼저 잔잔한 **기쁨과 평안**(롬14:17)이 임하며 인도하십니다.(고전2:12). "사람이 하나님의 뜻을 행하려 하면 이 ✔교훈(곧 이 계시나 응답)이 하나님께로부터 왔는지 내 스스로 말함인지 알리라/분별된다"고 하셨습니다(✔요7:17).

3). **승리자, 성공자의 삶은;** 생명과 복의 근원이신 ①하나님을 경외하는 **예배**의 삶에, ②하나님을 향한 **큰 믿음**의 소유자로, ③하나님 **말씀에 순종**해서 사는 삶입니다. 그래서 큰 믿음의 소유자를 기뻐하시고(✔히11:6), ✔하나님은 예배자를 찾으시며(요4:23), 말씀에 순종해서 사는 자에게 만복을 약속하시고 있습니다(✔신28:1-14).

★★대통령이 만나자고 하는데 내가 지금 바빠서 못 가겠다고 하겠습니까?! 하나님께서 당신을 찾으시며(교회 예배실에서/요4:23) 기다리고 계신다는데!! 교회 예배 참석의 의미를 새롭게 가져야 하겠습니다★

4). **♣ 온유한 신자들의 복(福)은;** ❶"내 마음은 온유하고 겸손하니 나의 멍에(곧 십자가)를 메고 내게 배우라고 하신 예수님께서는, 또 ❷8복 설교에서도 온유한 자는 복이 있나니 그들이 **땅**(지상의 복)을 기업으로 받을 것임이요"(마11:29, ✔마5:5)라고 하셨는데, '**온유한 자**'란 거저 온순한 성격의 소유자만이 아닌 **하나님의 말씀에 잘 순복하며,** 생각과 정신 곧 지정의(知情意)의 **혼이 성령 충만으로 길 들여진 성숙한** ✔신앙들임을 꼭 기억하며 실행합시다.

5). 신앙의 절개를 지킨 **순교자들만이♣**첫째 부활에 참예하여 예수님과 더불어 천년왕국에서 왕 노릇하는 축복을 바라보며(계20:4-6), 어떤 상황에서던 순교의 신앙으로 말세 고난의 때 타협이나 배교하는 일이 없도록 **일사각오의 신앙으로** 무장해야 하겠습니다(히11:34) "네가 죽도록 충성하라 그리하면 내가 생명의 면류관을 네게 주리라"(계2:10).

☏ 예수님 새 계명 (①하나님사랑 + ②이웃 사랑)으로 성취

하나님을 사랑하고, 이웃사랑을 실천하라는 **예수님의 새 계명**이신데(마22:34-40); 그 사랑 실천의 구체적 방법으로는 ①**예배자의 삶에** + **말씀 순종의 삶**으로 하나님을 사랑하고, ②영혼 구원의 **전도와 선교**에 + **구제의 삶**으로 이웃 사랑을 성취할 수 있다는 것입니다.

"예수께서 이르시되 네 마음을 다하고 목숨을 다하고 뜻을 다하여 주 너의 하나님을 사랑하라 하셨으니 이것이 첫 째되는 계명이요, 둘째는 그와 같으니 네 이웃을 네 자신과 같이 사랑하라 하셨으니 이 두 계명이 온 율법과 선지자의 강령이니라"(마22:37-39). 아멘!

㊴ 인간이 죽으면 어디로 갑니까?(①낙원과 천국 ②음부와 지옥)

이화영목사님 난제난해 해설를 참고로; 하나님의 통치권이 직접 미치고 있는 예수님이 계신 하늘나라 낙원과 + 성도들의 심령(갈2:20), 그리고 장소적 개념인 내세 천국과 지옥을 구분해서 생각해 보면; ❶.**기독교인들은**; 성령으로 거듭나 우리 속에 예수님이 내주하시고, 또 다른 한편으로 부활하셔 하늘처소 낙원 천국에 계신 예수님은 시공을 초월해서 천상과 지상의 기독신자들과 지금 함께 하심으로(엡2:6), 예수님 통치권 안에 함께하고 있다가 ⇨ 하늘처소 낙원에서 예수님과 함께하던 영체들은 공중 재림시 함께 데리고 와(살전4:14-17) + 지상에서 휴거된 기독신자들과 함께 혼인잔치 후 천년왕국 통치에 참여 하고⇨ 또 세상 마지막 백보좌 심판 때 부활체를 입고 새 하늘과 새 땅, 새 예루살렘 성의 영생복락의 내세 천국(天國, 계21:27)에 들어간다는 것입니다. 그런데, ❷.**불 신자들은**; 죽는 즉시 지옥 대기소 격인 음부 (눅16:23 /지하무덤, 스올/하데스)에 들어가 영체(靈體)로 고통 중에 신음하다가 ⇨세상 종말심판 직전 부활체로 바뀌며, 백보좌 심판에서 마귀와 음부와 함께 불못 /곧 영벌고통의 지옥(地獄)에 던져진다는 것입니다(계20:11-15). 그래서 **사람이 죽으면**; 낙원과 음부에 영체로 살다가, 백보좌 심판때 부활체를 받고 천국과 지옥에서 영생/영벌된다는 것입니다.

★★★예수 재림과 성서(聖書)의 결론(決論)?

복음의 핵심인 구세주 예수님을 받아들이지 못한 유대민족을 뒤로 한체, 예수님 구원복음이 유럽과 남북미, 일본과 한국으로 점차 서진해서, 아시아의 남방, 불교권과 힌두교와 회교권 국가들을 선교하며 '전 세계에 **복음이 전파**'되는 중, 현재 북한에 막혀 중앙아시아와 북방 **전파**가 어렵게 된 것을 하나님께서는 이 길까지 뚫고 유대민족이 예수님을 메시아로 영접하면 ⇨예수님 재림과 휴거, 천년왕국을 거쳐 백보좌 심판후 거짓 선지자들과 마귀들을 불못/지옥에 던지고(계20장), ★★**새 예루살렘 성이 내려 오며 새 하늘과 새 땅에 영생복락의 천국을 완성하신다는 것, 이것이 성서의 결론이시랍니다.** (계21, 22장으로 성서의 맨 끝/결론!).

  예수님이 재림하시는 것은; ①전 세계에 **복음전파** 곧 Back to Jerusalem과 ②유대민족이 **회심**하는 것이 핵심이 되고 있는데(✔롬11:25-27, 계7:4-17), 마태복음 24장 재림의 징조를 묻는 제자들에게 ♣"천국 복음이 모든 민족에게 증언되기 위하여 온 세상에 '**전파**'되리니 ✔그제야 끝이 오리라"는 예수님의 이 **복음전파 예언**(✔마24:14)이 지금 실현되어 가고 있는 것이지요. 십년 전에 중국과 중앙아시아를 관통하는 Asia highway를 이미 개통시켰는데 그 도로규격을 UN 권고로 한국 표준으로 완성되었답니다. 세상 종말의 때, 한국을 통일시키고 복음전파하는 세계 제일의 선교 한국이 될 징조이지요!! 그래서

  ★★**예수님 재림의 핵심**은; ①유대 민족의 회심(계7:4, 롬11:14)과 ② 온 세상 복음전파(마24:14)라고 하였는데; 그런데 예수님을 배척한 유대민족의 회심을?!; ③"아브라함의 자손 **이스라엘**을 위해 복을 비는 자에게 복을 주고 (이스라엘을) 저주하는 자에게는 저주를 하시겠다"는 하나님의 축복의 약속이 있으셨기 때문이 아닙니까!!(✔창12:2-3, 창22:15-18). 또 온 세상에 **복음 전파되리라는 말씀**(마24:14)은 회심 자들 구원뿐 아니라 모든 자들을 심판에 대비시키기 위해 지금 온 세대 온 세계 땅끝 예루살렘까지 계속해서 복음을 **전파**하라는 주님의 지상명령(마28:20)**이심도** 깨달아야 한답니다. **예수님 재림과 성서의 결론**인 세상종말 심판의 **핵심**이 "천국 복음이 모든 민족에게 증언

되기 위하여 온 세상에 '**전파**'되리니✔그제야 끝이 오리라"는 예수님의 이 **복음전파** 예언속에도 암시되어 있음을 꼭 기억하며, **예수님 재림을 위해**; ①이스라엘의 회심과 ②온 세상에 복음 전파 하는 일에 마지막까지 최선을 다해야 하겠습니다. 아멘!! 아멘!!

☎ 생명의 근본을 이루고 있는 당신의 DNA 유전자 설계도 성경에 기록되어 있습니다!!

어디에 그런 내용이 기록되어 있는가고 반문하는 분들도 많겠지만, 수십 년된 미제(未濟)사건도 서로 다른 그 많은 유전자 설계 중에서 분별케 하여 주시고 계신 창조주의 분명한 손길/설계들을 보고 있으면서도 하나님이 없다고 어떻게 말할 수 있겠습니까?! 그것은 시공을 초월하시며 전지전능하신 **미리 아신는 자**(✔롬11:2) 곧 하나님께서 생명록에 이미 기록해 두신 것이라는 것이지요(✔계21:27) 얼마나 놀라운 사실 입니까!! "새 예루살렘 성에는...오직 어린 양의 생명책에 기록된 자들만 들어가리라 /창세로부터 그의 보이지 아니하는 것들 곧 그(하나님)의 영원하신 **능력과 신성**이 그가 만드신 만물에 분명히 보여 알려졌나니 그러므로 그들이 **핑계**하지 못할지니라"(계21:27/롬1:20). 아멘!

㊵ 성령님의 내적 임재와 성령 인도하심 분별?!

성령의 나타남과 체험들은 다양하고 은밀하기에 신앙의 연조와 정도에 따라 약간 다르게 체험될 수 있겠지만 그러나 성경의 약속들이 있기에 평소 교회 예배에 말씀과 기도생활을 열심히 하고 있으면, 곧 ❶"우리가 항상 하나님께 집중하는 신앙일 때, ★★**성령의 조명과 인도하심이 분별된답니다**(✔ 요7:17, 마13:52, 음33:13-30), ❷성령의 임재와 동행은 **첫째** ♣의와 평강과 희락, 곧 지각을 초월하는 기쁨과 평안이 임하며✔(요14:27, 롬14:17, 빌4:7), 또 ❸기도할수록 평안한 마음가운데 ♣소원을 두고 행하게 하시고 결국 기도 응답으로 이끌어 주십니다(빌2:13). 또 ★★❹"**기름부음의 성령이 이 모든 것을 가르쳐 알게하여 주신다**(✔요일2:27, 요16:7-24)"고 하셨으니 기도와 성령 충만만이 이 모든 것의 해답이지요!! 할렐루야!!

그래서 ♣❺사도 바울은 "하나님의 **말씀**과 **기도**로 거룩(성화, 곧 성령 충만)해야 된다"(딤전4:5) 하셨고, 또 ♣♣❻예수님께서도 성도들(곧 마지막 때 모든 교회들을 예표하는 계시록 일곱교회)의 신앙 변질과 퇴보방지의 최종 처방으로, "성령이 교회들에게 하시는 **말씀**을 들으라"고 하셨습니다(계2:7), 그래서 '**말씀과 기도로 성령 충만해야 한다는 결론**'입니다.✔(마4:4, 암8:11, 잠29:18). ★★그리고 영음과 환상의 계시를 선호하는 경향들이 많은데, 실제는 기록된 성경 말씀으로 받는 계시가 가장 안전하고 더욱 확실하며 은혜가 넘친답니다.

"말하는 이는 너희가 아니라 너희 속에서 말씀하시는 이 곧 너희 아버지(**하나님**)의 **성령**(聖靈)이시니라"(마10:20). 예수님께서 말씀이십니다.

"나를 보내신 이가 나와 함께 하시도다 나는 항상 그가 기뻐하시는 일을 행하므로 나를 혼자 두지 아니하셨느니라" (요8:29). 아멘!

☀ 영생복락의 천국을 찾는 지혜와 통찰력을 촉구하는
연세대학의 (기독교적 실용주의) 철학(哲學) 교수셨던
★★김형석 교수(金亨錫 敎授)님은 한 기독교 쎄미나에서;

♣ 『여러분!! 여러 나라의 말을 유창히 하면서도 하늘나라 말을 알아듣지 못한다면 그것이 무슨 소용이 있겠습니까?!

♣ 머리가 아무리 좋고 수학박사라 할지라도 한 영혼(생명)의 가치를 헤아리지 못한다면 그것이 무슨 소용이 있겠습니까?

♣**위대한 법률가**가 되어서 많은 사람들의 변호를 한 변호사라 할지라도 그가 하늘나라의 법정에서 나 같은 죄인을 옹호하며 변호하고 계신 우리의 진정한 변호사이신, 예수님을 알아보지 못한다면 무슨 소용이 있겠습니까?!(요일2:1, 롬8:34).

♣그리고 세상의 모든 아름다움을 다 표현해 낸다고 자랑하는 **위대한 예술가**가 되면서도 그 모든 것을 지어내신 참으로 훌륭하신 하나님을 알아보지 못하고 찬양할 줄 모른다면 그것이 무슨 소용이 있겠습니까?! (로마서 1장 19-25절).

♣ 세상 모든 것을 다 가진다고 해도 하나님께서 주신 예수님 한 분을 맞아들이지 못한다면 말짱 헛것임을 알아야 합니다.』

♣♣이세상에서 구원 받는 길은 오직 예수 믿는 것뿐임을 기억합시다!

<매일 아침마다 보내 주시는 '하루'라는 택배 선물을 열어 봅니다> **"하루!"** 아침에 눈을 뜨니 밤새 택배로 배달 된 귀한 선물(膳物)이 도착해 있습니다.

✪<u>수신</u>; 나, ✪<u>발신</u>; 천국 우체국, ✪<u>내용물</u>; '하루'

　'하루'라~!! 상자를 여니 하루 분량의 <u>시간</u>과, 각 자에 알맞은 <u>달란트</u>와, 움직여 섬길 수 있는 <u>건강</u>이 들어 있다. 신기한 것이, 매일 아침 배달되어지는 이 선물들은, 축복과 감사로 쓰면 자꾸만 내용물들이 생겨나고, 사람들이 상상도 못한 것들을 만들어 낸다. 그런데, 어떤 이들은 이 선물을 시들시들 말려 버린다. 선물이 선물로 보이지 않고, 누가 보낸 것인지 관심도 없다. 매일 받으니 시들해 한다. 　그토록 많이 배달된 이 선물을 하루도 감사와 기쁨으로 꽃피우지 못하고, 불만과 짜증과 원망과 한숨으로 썩혀 버린다. 똑같은 선물을 가지고, 어떤 사람은 아름다운 정원을 만들어 누리고, 어떤 이는 감옥을 만들어 스스로 갇혀 지낸다.

　살아 있는 동안 이 선물 상자는 계속 배달된다. 선물이 오는 동안의 <u>하루하루는 영원한 나라와 연결되는 기회</u>이다. 편지 답장을 하듯이 선물에 대한 각자의 반응은, 천국을 얻을 수도 놓칠 수도 있다. 영원으로부터 와서 매일 한 번씩 주어지는 이 귀한 선물!!! **그대는 이 하루라는 이 선물을 오늘 어떻게 쓰렵니까**?! 오늘 하루가 행복을 꿈꾸는 아름다운 정원이 되시기를 축복합니다.~!! "주 예수를 믿으라 그리하면 너와 네 집이 구원을 받으리라" (행16:31). '천국 택배를 보내주신 **유튜버 소망천사에게 감사하며**(✔욥33:23), 모든 분들께 소중한 택배가 되시기를 기원합니다' 아멘!!

★★모순된 삶을 사는 인생(人生)들?! 5년, 10년을 더 오래 살아 보겠다고 온갖 좋단 음식들과 보약을 구해 먹는데는 열심이면서도 정작 하루가 지루하다고 술과 각종 오락과 놀음들로 시간(生)을 죽이고 있는 모순들이 얼마나 많습니까?! 시간을 아껴 씀으로 생을 연장하게 된다는 이 단순한 진리로, 매순간 매일을 열심히 사는 인생들이 다 되시기를 바랍니다. 매일 매시간이 일생중 가장 중요한 시간들입니다. 아멘! 아멘!!

㊶ 하나님의 형상인 사람됨을 스스로 포기하는 **동성애**

1). 성경에, <u>동성애(同性愛)는 "가증히 여기시며 반드시 죽여야 할 죄목"</u>으로(레20:13, 레18:22), 하나님의 저주의 심판을 쌓고 있는 것이랍니다. 거룩한 하나님의 형상을 입은 사람이 되기를 스스로 포기하며, 하나님의 창조질서에도 반(反)하는 악한 일이기에 하나님의 <u>심판을 면할 수 없답니다.</u>

그래서 하나님께서는, ★★**"누구든지 여인과 동침하듯 남자와 동침하면 둘 다 가증(可憎)한 일을 행함인즉 ✔반드시 죽일지니 자기의 피가 자기에게로 돌아가리라"**(✔레20:13)고 하셨고,

또 "소돔과 고모라와 그 이웃 도시들도 그들과 같은 행동으로 음란(淫亂)하며 다른 육체를 따라 가다가 영원한 불의 형벌을 받음으로 **(말세의)** 거울이 되었느니라"(유다7)고 하셨습니다.

2). 자기 ★★친 자녀가 이런 **변태적(變態的)인 동성애에 빠진다면 즐거이 동의할 부모님이 있을까요?!** 한국인 대다수, 73%이상이 부정적이거나 혐오스럽다는데, 차별 금지법이니, 소수자의 인권보호라는 미명 아래, <u>성경뿐 아니라 우리나라의 도덕 윤리와 정서에도 맞지 않는 이 동성애 법을 오히려 부추기고 있는 **정치인들과 시장님, 어르신들은 어떤 분**이십니까?!</u> 인간들을 근본으로부터 타락시킴으로 인간됨과 하나님의 형상을 지우려는 흑암세계의 격동과 죄성들임을 깨닫고(대상21:1), 양식 있는 정치인, 지도자라면 법으로 금하며 적극 말려야 할 것입니다.

그런데 이 **동성애(同性愛)**를 동성동본인 **동성애(同姓愛)** 결혼 정도로 혼돈시켜 죄가 되지 않는 것 같이 얼버무려, 반대를 누그러뜨리는 합법화 꼼수를 도모하기도 하는데 이것은 전연 다른, **동성(✔同性)끼리의 변태 결합**임을 꼭 기억해야 하겠습니다.

3). 그래서 **동성애(同性愛)와 남색(男色)하는 변태 음란행위**를 ♣**소돔마이트(Sodomite)**라고 하며, 동성애로 음란(淫亂)했던 소돔성을 불로 멸함으로서 하나님께서 가증이 여기시며(창19:24), 또한 <u>말세 심판의 본보기로 삼겠다는 경고이신데</u>(롬

1:26-27), 최근 한국의 ✔중심인 서울 광화문 광장에서 세계 동성애자들과 합세한 '**퀴어 문화축제**'로 포장된 동성애(同性愛) 굿판을 허가한 것을 보면서, 마지막 때를 위한 하나님의 경고(✔유다서 7절)-곧 소돔성 저주(咀呪)를 스스로 자청(自請)하고 있는 것 같아 두려움과 씁쓸함을 느꼈습니다.

4). 불치의 에이즈 병이, 1990년 이전까지는 한국에 극소수였든 감염자 수가 30년이 지난 지금은 수 만 명에 이르고 그 감염자들 관리에 매년 수조원씩 국고 /혈세가 낭비되고 있다는 것입니다. 그런데 이 에이즈 불치병이 그 수자가 남성들 항문 편중으로 급속히 확산되어 오고 있다는 전문가들의 보고에, 국민들은 관심을 갖고 이 망국적 동성애 합법화를 위해 위장한 <u>차별금지법</u> 시도에 적극 반대해야 할 것입니다.

"그들이 이 같은 일을 행하는 자는 사형에 해당한다고 하나님께서 정하심을 알고도 자기들만 행할 뿐 아니라 또한 그런 일을 행하는 자들을 옳다 (충동질) 하느니라" (롬1:32). 아멘!

㊷ 에덴 낙원에 왜 ★선악과를 두어 범죄케?!

많은 사람들, 특별히 젊은 대학생들과 지식인들 중에 '하나님께서는 왜 에덴 낙원에 선악과(善惡果)를 두어 범죄케 함으로서 인간들로 하여금 죄와 사망의 올무에 걸리게 하였는가?' 비판하며, 하나님을 멋대로 판단하는 경우를 자주 듣게 되는데 그 선악과를 성경 첫 머리에 둔 것은 창조주 <u>하나님의 선하신 **뜻**에 **순종** 잘하는 천국백성을 얻기 위한 하나님의 원대한 경륜(계획)을 이루시기 위한 것이었음을 알아야 하겠습니다.</u>   그리고

공의와 **사랑**은 하나님의 2대 속성이며, 또한 자유의지를 통한 <u>자발적인 순종만이 하나님을 영화롭게 할 수 있기에, 아담 하와에게 선택의 자유의지를 주시고</u>(창2:16-17), ❶순종을 시험하는 ♣♣♣**선악과**(善惡果)를 하나님의 **공의**(公義)로 에덴동산 중앙에(창세기 3장 3절), ❷또 각종 **생명과**(生命果)는 하나님의 **사랑**으로 동산 전반에 두시며 임의로 먹되, ❸<u>선악과</u>(善惡果)는 절대 먹지 말라 **"먹는 날에는 반드시 죽게 된다"**고 경고 하셨는데,

"먹으면 하나님과 같이 될 수 있다"는 (광명한 천사로도 가장하여 천하를 꾀는/곧 독을 품은 옛 뱀이란 별명까지 받은 아주 사악한/고후11:14, 계12:9) 사탄의 유혹에 넘어가 그 ^{최초}**행위언약**(창2:17), 곧 하나님의 공의와 하나님의 뜻과 존엄에 불순종하고 선악과를 따 먹음으로 이 세상에 죄와 저주와 사망과 고통을 자초하는 **원죄**(原罪)의 조상이 되고, 마귀의 종이 되고 말았답니다. (사59:1-2, ✔벧후2:19, 요일3:8).

그러나 ❹하나님께서는 아담의 원죄(原罪)로 인한 인류의 불행을(시51:5), 성령잉태의 방법으로 죄 없이 출생하신 예수님 십자가 대속(代贖)을 통해 하나님의 공의와 사랑을 만족시키고, ❺순종 잘하는 더 많은 천국백성들을 얻기 위한 하나님의 원대한 경륜과 구속사라는 목적을 이뤄 오시고 있답니다. 또 '**생명과(生命果)와 함께, 에덴의 ★★선악과(善惡果)'를 인류의 시작과 성경의 맨 앞장에 ★깃발처럼 세워 놓으신 것은**; ❻**십계명**을 비롯해서, 성경의 "…하라,…하지 말라"하는 이 모-든 말씀들을 예표(豫表)하며, ❼**선악과**는; 하나님 말씀에 불순종하면 에덴낙원(**천국**)을 잃고 만다는 엄중한 경고요 표지석이 되고, ❽그래서 선악과(果) 행위언약이 없었다면 사람들이 죄가 무엇이며, 하나님의 원대한 그 구속사와 하나님의 선하심(**공의**)도 모르고 자기들 생각대로 살았을 것인데, ❾그리고 또 사람들에게 순종뿐 아니라 불순종도 할 수 있는 '선택의 자유의지'를 주신 이 하나님의 형상이 얼마나 귀하며 중요한가도 알게 하여 주시고 있답니다. ❿또 성경에는 다 **짝**이 있다(사34:16)고 하셨는데, '**짐승의 표**'로 의심을 받으며 지금 세계 여러 나라에서도 실용되기 시작한 ♣666 / 베리 칩이 '말세 **짐승의 표**' 곧 제2 선악과의 가능성에 앞으로 주목 /유의하며 경계하시기 바랍니다. (계13:16-18, 계2:17, 계3:10).

★한글 숫자화로 확인한, (P.105)-실례5:선악과(´29)=✔깃발(´29)!
유튜브 검색→'전종빈'→제7단원 "동성애+선악과" 내용 확인!!

"예수님을 구주로 영접함으로 천국(天國) 가십시오! 그렇지 않으면 영벌의 지옥(地獄)에 떨어집니다"